Jens Raschke | Was das Nashorn sah, als es auf die andere Seite des Zauns schaute

Theater der Gegenwart

Jens Raschke

Was das Nashorn sah, als es auf die andere Seite des Zauns schaute

Nachwort, Anmerkungen
und Unterrichtsanregungen von Sascha Feuchert

Reclam

RECLAMS UNIVERSAL-BIBLIOTHEK Nr. 14400
2024 Philipp Reclam jun. Verlag GmbH,
Siemensstraße 32, 71254 Ditzingen
info@reclam.de

Gestaltung: Cornelia Feyll, Friedrich Forssman
Druck und Bindung: Elanders Waiblingen GmbH,
Anton-Schmidt-Straße 15, 71332 Waiblingen
Printed in Germany 2025
RECLAM, UNIVERSAL-BIBLIOTHEK und
RECLAMS UNIVERSAL-BIBLIOTHEK sind eingetragene Marken
der Philipp Reclam jun. GmbH & Co. KG, Stuttgart
ISBN 978-3-15-014400-8
reclam.de

Personen

ERSTER
ZWEITER
DRITTER
VIERTER

BÄR
MURMELTIERMÄDCHEN
MAMA MURMELTIER
PAPA PAVIAN
MAMA PAVIAN
HERR MUFFLON
MADAMM
MÖSSIÖ

ZEBRAWESEN 1
ZEBRAWESEN 2
ZEBRAWESEN 3
EICHHÖRNCHEN 1
EICHHÖRNCHEN 2

Mehrfachbesetzung möglich

Die Szenen 6, 9 und 16 sollten sich nach Möglichkeit in ihrer Form von allen anderen Szenen deutlich unterscheiden.

Poem

Ich möchte leben.
Ich möchte lachen und Lasten heben
und möchte kämpfen und lieben und hassen
und möchte den Himmel mit Händen fassen
und möchte frei sein und atmen und schrein.
Ich will nicht sterben. Nein!
Nein.

Selma Meerbaum, 1924–1942

Neugierige Einwohner waren zusammengelaufen und schauten uns an, wie man wilde Tiere in einem Zoologischen Garten betrachtet.

»Was sind das für Menschen?«, fragte ein kleines Mädchen.

»Das sind Verbrecher aus Buchenwald!«, war die Antwort eines größeren Jungen.

Udo Dietmar [Pseudonym],
1944/45 im Konzentrationslager Buchenwald inhaftiert

Zum Hintergrund

Es gab tatsächlich einen Zoo im Konzentrationslager Buchenwald.

Der erste Lagerkommandant, Karl Koch, ließ ihn im Frühjahr 1938 von den Häftlingen direkt am elektrisch geladenen Lagerzaun errichten, mit dem erklärten Ziel, den SS-Angehörigen und deren Familien »in ihrer Freizeit Zerstreuung und Unterhaltung zu bieten und einige Tiere in ihrer Schönheit und Eigenart vorzuführen, die sie sonst in freier Wildbahn zu beobachten und kennen zu lernen kaum Gelegenheit« gehabt hätten. Konzipiert wurde das Gehege inklusive Bärenburg von Fachleuten des Leipziger Zoos, der wohl auch einen Teil der Tiere lieferte.

Über die Geschichte des »Zoologischen Gartens Buchenwald« und seiner Bewohner ist heute wenig bekannt. Die vereinzelt existierenden Augenzeugenberichte und privaten Fotografien geben Hinweise auf Rehe, einen Hirsch, Wildschweine, Enten, australische Trauerschwäne, eine Pavianfamilie und bis zu vier Bären, von denen einer ein persönliches Geschenk von Reichsmarschall Hermann Göring an die Buchenwald-SS gewesen sein soll. In der Anfangszeit habe es sogar ein Nashorn gegeben, schreibt der langjährige Häftling und Lagerchronist Eugen Kogon in seinem Standardwerk *Der SS-Staat*, der, wie die meisten Häftlinge, den Zoo nicht betreten durfte. Ausnahmen waren lediglich die zur Pflege und Fütterung abgestellten Gefangenen, sowie jene, die in der Anfangszeit des Lagers die Gestorbenen und Getöteten in die provisorische Leichenbaracke in der Nähe des Geheges transportieren mussten: »Ein Idyll vom friedlichen Leben«, so beschreibt der

Leichenträger Karl Barthel in seinem Buch *Die Welt ohne Erbarmen* den Kontrast vom Diesseits und Jenseits des Lagerzauns. »Die Tiere haben es tatsächlich sehr schön in Buchenwald! Aber zwei Minuten davon leben Menschen, nicht weil sie wollen, sondern müssen. Zu Hunderten sterben sie dahin an Kollaps, Bauchtyphus, Ruhr, Unterernährung usw. Sie werden gehetzt, geschlagen, gemordet.«

Im Archiv der Gedenkstätte Buchenwald zeigte man mir das einzige existierende, handgeschriebene und -gezeichnete Exemplar des Bilderbuchs *Eine Bärenjagd im KZ Buchenwald. Tragikomisches Idyll*, in welchem der Häftling Kurt Dittmar 1946 die Geschichte des Bären »Betti« festgehalten hat. Betti wurde nach einem Fluchtversuch vom sadistischen Schutzhaftlagerführer Arthur Rödl gestellt, erschossen und sodann der feierfreudigen Lager-SS als Braten serviert.

In zahlreichen Berichten überlebender KZ-Häftlinge, etwa in Jorge Semprúns *Schreiben oder Leben*, wird erwähnt, dass es schon bald nach der Errichtung des Lagerkrematoriums im Jahre 1940, gleich gegenüber dem Zoo, keine Vögel mehr im Wald gegeben habe. Einige der Zoobewohner sollen am grässlichen Dauergestank binnen kurzer Zeit eingegangen sein, behauptete Hans Berke ein Jahr nach der Befreiung in seinen Lagermemoiren *Buchenwald. Eine Erinnerung an Mörder*.

Über das Ende des Zoos ist nichts bekannt. In den zahllosen, teilweise sehr detaillierten Schilderungen der Befreiung des Lagers am 10. April 1945 durch die amerikanische Armee wird er nicht erwähnt. Es ist wahrscheinlich, dass die Tiere den vorangegangenen Bombenangriffen der Alliierten zum Opfer fielen oder im Zuge dieser Attacken ausgelagert wurden.

1994 wurden Teile des verschütteten und überwachsenen Zoos freigelegt und sind heute wieder zugänglich.

Es ist belegt, dass der Zoo am Lagerzaun nicht nur bei den SS-Angehörigen und ihren Familien (so gibt es mehrere Familienfotos von Karl Koch und seinem in Buchenwald geborenen Sohn Artwin beim Zoobesuch), sondern auch den Zivilisten aus dem acht Kilometer entfernten Weimar beliebt war. Dieser Umstand war für mich der eigentliche Auslöser, dieses Theaterstück zu schreiben. Es ist kein Stück über das Konzentrationslager Buchenwald – darüber lässt sich womöglich gar kein Stück schreiben –, sondern ein Stück über die Frage: Bär oder Pavian?

Jens Raschke

1 Zoo mit Aussicht

ERSTER. Stellt euch einen Zoo vor.

ZWEITER. Einen Zoo vor vielen Jahren.

DRITTER. Einen Schwarzweißfotozoo. Stellt euch einen Schwarzweißfotozoo vor.

VIERTER. Keinen sehr großen Schwarzweißfotozoo,

ZWEITER. eher einen ziemlich mickrigen Schwarzweißfotozoo,

ERSTER. eher einen Eigentlich-nicht-der-Rede-wert-Schwarzweißfotozoo,

DRITTER. eher einen Wär-da-kein-Zaun-drum-wär's-ein-Wald-und-gar-kein-Zoo-Schwarzweißfotozoo.

ZWEITER. Ein paar Rehe, ein Hirsch,

VIERTER. zwei Mufflons, Wildschweine, Eichhörnchen,

ERSTER. eine Entenfamilie, die auf einem kleinen Tümpel dümpelt, Tümpeltür an Tümpeltür mit dem Ehepaar Schwan, stolzen australischen Importvögeln, die allerdings lieber Franzosen wären und sich deshalb von ihren Nachbarn mit *Madamm* und *Mössiö* anreden lassen,

ZWEITER. pechschwarz das Gefieder, die Schnäbel hagebuttenrot:

DRITTER. *cygni atrati*. Trauerschwäne.

VIERTER. Da hinten in der Buche laust sich eine südafrikanische Pavianfamilie, gähnt um die Wette und lässt den Blick dösig in die Ferne schweifen.

ZWEITER. Der Zoo steht auf einem Berg.

ERSTER. Bombastischer Ausblick – selbst in Schwarzweißfotoschwarzweiß.

VIERTER. Um den Zoo herum leben Menschen, tausende, mal ein paar mehr, mal ein paar weniger –

DRITTER. zurzeit eher mehr als weniger –

ZWEITER. in einer Stadt, die allerdings nur aussieht wie eine Stadt.

ERSTER. Da sind schöne Häuser und hässliche Häuser, wie in jeder Stadt.

ZWEITER. Anders als in jeder Stadt steht zwischen den schönen und den hässlichen Häusern ein Zaun.

DRITTER. Ein summender, brummender Zaun, mit Stacheldraht obendrauf und Wachtürmen alle paar Meter mit Wachmännern drin, die so gucken, als hätten sie gerade in einen sauren Apfel gebissen.

ERSTER. Der Zaun steht nicht wegen der Tiere im Zoo da –

VIERTER. die haben ihren eigenen Zaun –

ERSTER. der Zaun steht da, weil die Menschen in den schönen Häusern auf gar keinen Fall möchten, dass die Menschen in den hässlichen Häusern zu ihnen herüberkommen und ihnen

ZWEITER. den Kühlschrank abtauen,

VIERTER. das Badewasser wegbaden,

DRITTER. die Tunkemilch auftunken.

ZWEITER. oder einfach nur die Hand schütteln und mit sonnigem Lächeln im Gesicht und in fünfzig verschiedenen Sprachen:

ALLE. Grüß Gott, Herr Nachbar, schönes Wetterchen heute, nicht?,

ZWEITER. sagen.

ERSTER. Den Zoo dürfen sich die Menschen in den hässlichen Häusern nur von Weitem angucken, durch ihren summenden, brummenden Zaun hindurch.

DRITTER. Aber eigentlich dürfen sie nicht einmal das.

ZWEITER. Eigentlich dürfen sie gar nichts.

ERSTER. Denn diese Stadt, die nur aussieht wie eine Stadt, ist in Wahrheit

ALLE. ein Gefängnis.

ZWEITER. Ein Gefängnis?,

VIERTER. fragt ihr jetzt natürlich,

ZWEITER. so ein richtiges Gefängnisgefängnis?

DRITTER. Denn wer hätte je von einem Zoo in einem Gefängnis gehört? Ich jedenfalls nicht.

ERSTER. Ich auch nicht.

ZWEITER. Ich auch nicht.

VIERTER. Und ich auch nicht.

DRITTER. Und das Nashorn erst recht nicht.

ERSTER. Ach je –

ALLE. das Nashorn.

VIERTER. Das Nashorn war eh ein Fall für sich.

ZWEITER. Das Nashorn, müsst ihr wissen, kam aus dem fernen Bengalen. Den lieben langen Tag stand es sehr exotisch in der Gegend rum und klappte ratlos die Augendeckel auf und zu:

DRITTER. Wo bin ich denn hier gelandet?

ALLE. Klapp-klapp.

VIERTER. Das ist doch nicht Bengalen?

ALLE. Klapp-klapp.

ERSTER. Hallo, Sie da, ist das hier etwa Bengalen?

ALLE. Klapp-klapp.

ZWEITER. Nie und nimmer ist das hier Bengalen.

ALLE. Klapp-klapp.

ERSTER. Dann kam der Winter, und das Nashorn aus Bengalen ist gestorben.

Das Murmeltiermädchen von nebenan entdeckt es eines Morgens beim Frühsport.

DRITTER. Still und steifgefroren liegt es da unterm frischen Schnee, das Nashorn aus Bengalen,

VIERTER. und das Murmeltiermädchen, das in seinem Leben noch kein totes Nashorn gesehen hat, ist darüber derart entsetzt, dass es um ein Haar seinen Winterschlaf vergisst.

MURMELTIERMÄDCHEN. Mama, Mama, der dicke Mann mit dem Ast auf der Nase liegt dahinten am Zaun und bewegt sich nicht mehr!,

DRITTER. ruft es und rennt vor lauter Aufregung, doing-doing, zweimal gegen einen Baum.

MAMA MURMELTIER. Der Arme,

DRITTER. sagt Mama Murmeltier, die gerade dabei ist, den Tisch fürs letzte Frühstück vor der Winterpause zu decken,

MAMA MURMELTIER. er ist bestimmt erfroren.

ZWEITER. Madamm und Mössiö haben da so ihre Zweifel:

MADAMM. So ein Nashorn hat doch ein viel zu dickes Fell, das haut so leicht kein Frost um, denkst du nicht auch, mon chéri?

MÖSSIÖ. Oui, ma chérie, es muss was anderes gewesen sein.

Es muss das Heimweh gewesen sein, das Heimweh nach Bengalen.

ZWEITER. Da schauen alle Tiere einander schweigend an und wissen ehrlich gesagt gar nicht, wo dieses Bengalen überhaupt liegt.

VIERTER. Papa Pavian ist gänzlich anderer Meinung als Madamm und Mössiö, die er sowieso nicht leiden kann, a)

PAPA PAVIAN. wegen ihrer unschwanenhaften Gefiederfarbe,

VIERTER. b)

PAPA PAVIAN. wegen ihres französischen Getues, und c),

VIERTER. weil er sie ganz einfach für zwei eingebildete, hochschnäbelige Gänse hält.

PAPA PAVIAN. Nehmt es mir nicht übel, liebes Nachbargeflügel, aber für mich ist die Sache klar wie Glas:
Das Nashorn hat sich in Angelegenheiten eingemischt, die es nichts angingen.
Sowas rächt sich eben.
Mehr möchte ich dazu nicht sagen.

HERR MUFFLON. So ein Quatschkopf,

DRITTER. giftet Herr Mufflon, der alles mit angehört hat, später daheim beim Abendbrot,

HERR MUFFLON. das Nashorn und neugierig, hast du das gehört, Frau?
Wie dieser Affe sich andauernd aufspielt, als wär er hier der Boss vom Ganzen und hätte von irgendwas auch nur die geringste Ahnung, der mit seinem roten Hintern.

FRAU MUFFLON. Nimm es dir nicht so zu Herzen, Muffischatzi,

DRITTER. versucht Frau Mufflon Herrn Mufflon zu beruhigen, der aber ist bereits sowas von in Fahrt, dass er schnurstracks raus ans Gatter läuft und sich die gekrümmten Hörner daran noch krummer stößt, wobei er wütend vor sich hin mufft, das sei unter Garantie der Zorn gewesen –

HERR MUFFLON. Genau, der Zorn hat das Nashorn getötet.

ZWEITER. Der Zorn!

HERR MUFFLON. Rumms!

ZWEITER & DRITTER. Der Zorn!

HERR MUFFLON. Rumms!!

ERSTER, ZWEITER & DRITTER. Der Zorn!

VIERTER. Rumms-krrrrrrracks!!!,

ERSTER. macht da das Gatter und gibt sich schließlich geschlagen.

DRITTER. Herr Mufflon aber trabt zufrieden heim, schlüpft in seinen gepunkteten Schlafanzug, legt sich ins Bett und spricht zu seiner Frau:

HERR MUFFLON. Am Ende des Tages ist es doch auch egal, woran das Nashorn gestorben ist.
Es ist tot, und keiner von uns hat Schuld daran.
Reden wir also nicht mehr davon.
Schnee von gestern.
Schwamm drüber.
Gute Nacht.

ZWEITER. Das kleine Murmeltiermädchen hingegen, das aus all dem kein bisschen schlauer geworden ist, glaubt nicht, dass das Nashorn aus Bengalen am Frost oder am Heimweh oder wegen seiner Neugier oder gar aus Zorn gestorben ist.
Dazu haben seine kleinen, toten Augen viel zu traurig geschaut.

MURMELTIERMÄDCHEN. Ich glaube,

DRITTER. murmelt das Murmeltiermädchen, bevor es für ein halbes Jahr in einen bleischweren Schlaf fällt,

MURMELTIERMÄDCHEN. ich glaube, das Nashorn hat etwas gesehen, worüber es so traurig wurde, dass es daran gestorben ist.

ZWEITER. Und das Murmeltiermädchen nimmt sich ganz, ganz feste etwas vor:

MURMELTIERMÄDCHEN. Mein allerersten Gedanke, wenn

ich wieder die Augen aufschlage, soll dem traurigen Nashorn gelten.
Das schwöre ich feierlich!
Ich werde das Nashorn bestimmt nicht vergessen, komme, was da wolle.

DRITTER. Das kann nämlich durchaus mal passieren, wenn du sechs Monate lang schläfst und quasi das halbe Leben nur aus Träumen besteht.

2 Bär auf Eis

DRITTER. Nur wenige Stunden bevor das Nashorn tot umfällt, tänzelt ein Bär übers Eis.

VIERTER. Habt ihr schon mal einen Bären übers Eis tänzeln sehen?

Viele, viele Kilometer von dem Zoo entfernt, im glitzernd weißen Reich des Permafrosts, dort, wo Tundra und Taiga *spokoynoy nochi* zueinander sagen, was russisch ist und gute Nacht bedeutet, tänzelt genau in diesem Moment ein kleiner Braunbärenjunge übers Eis.

DRITTER. Wenn wir ehrlich sind, ist es mehr ein Schlittern als ein Tänzeln.

VIERTER. Das sieht wirklich drollig aus –

DRITTER. für den, der zuschaut. Würdet ihr selbst in diesem Bärenpelz stecken, fändet ihr das alles andere als drollig.

VIERTER. Und wenn euch dann auch noch sechs bis an die Zähne bewaffnete Jäger mit pfeilschnellen Hunden auf den Fersen sind, ist das erst recht kein Vergnügen.

DRITTER. Die Angst klebt euch im Nacken, wie nur Angst kleben kann: kalt, glitschig und glibberig – wirklich eklig.

VIERTER. Eure Gedanken jagen im Kreis herum, und wenn ihr nicht aufpasst, tun eure Pfoten das auch, und ehe ihr euch verseht –

DRITTER. lauft ihr euren Verfolgern direkt ins Netz.

VIERTER. Ihr müsst an euren Mamabär denken

DRITTER. und an euren Schwesterbär,

VIERTER. und ihr fragt euch, wie das so wäre, ganz allein auf der weiten, weißen Welt.

DRITTER. Macht lieber, dass ihr hier wegkommt, denken könnt ihr später noch!

VIERTER. Am Bahnhof nämlich wartet ein Zug.

DRITTER. Auf wen er wartet, dieser Zug?

VIERTER. Dreimal dürft ihr raten.

DRITTER. Wartet er auf den Nikolaus?

VIERTER. Nein.

DRITTER. Wartet er auf schöneres Wetter?

VIERTER. Auch nicht.

DRITTER. Er wartet natürlich –

DRITTER & VIERTER. auf euch!

VIERTER. Ihr holt also tief Luft, nehmt eure Pfoten und Tatzen in die Pranken und lauft! lauft! lauft!, ohne euch ein einziges Mal umzudrehen, schlagt hechelnd Haken, springt über entwurzelte Fichten, kriecht in Erdlöcher und durch matschige Tunnel, klettert Bäume rauf und fallt rücklings wieder runter, galoppiert wie ein mongolisches Wildpferd – aber eure Verfolger schüttelt ihr nicht ab.

DRITTER. Sie kennen sich aus mit euch.

VIERTER. Sie haben euch studiert, seit vielen Generationen.

DRITTER. Sie wissen, wie ihr tickt.

VIERTER. Sie wissen, wohin euer Herz will.

DRITTER. Sie wissen alles, was ihr wisst, noch bevor ihr selbst es wisst.

VIERTER. Und dann, früher oder später, haben sie euch eingekreist und ihr sitzt in der Falle.

DRITTER & VIERTER. Spokoynoy nochi, kleiner Bär.

3 Der Neue

ZWEITER. Im Zoo auf dem Berg ist es mittlerweile wieder Frühling geworden.
Ihr habt Glück, gerade wacht das kleine Murmeltiermädchen auf.
(Das Murmeltiermädchen erwacht langsam. Niedlich.)
Endlich schlägt sie die Augen auf, und ihr allererster Gedanke lautet –

MURMELTIERMÄDCHEN. Hunger!

VIERTER. Das traurige Nashorn hat sie natürlich längst vergessen, irgendwann im dritten oder vierten Winterschlafmonat. Aber wer möchte das so einem putzigen, kleinen Murmeltiermädchen schon übelnehmen?

DRITTER. Derweil macht im Zoo ein Gerücht die Runde.

PAPA PAVIAN. Mama Pavian, wir sollen einen neuen Kollegen bekommen.

MAMA PAVIAN. Ach? Wer sagt denn das?

PAPA PAVIAN. Die Eichhörnchen haben was läuten hören.

MAMA PAVIAN. Einen neuen Kollegen.
Wie aufregend.
Was denn für einen?

PAPA PAVIAN. Da waren sich die Eichhörnchen nicht ganz sicher.
Ich hoffe nur, keinen Affen.
Ist so schon eng genug auf unserem Baum.

MAMA PAVIAN. Ein Nilpferd wär doch mal nett.
Da könnten unsere Söhne drauf reiten.

PAPA PAVIAN. Ja, ein Nilpferd wäre nett.

MAMA PAVIAN. Das will auch bestimmt nicht auf unseren Baum.

PAPA PAVIAN. Nein, vermutlich nicht.

MAMA PAVIAN. Bloß kein Leopard oder Löwe. Dann könnte man ja nicht mehr allein vor die Tür.

PAPA PAVIAN. Wir werden schon sehen, was es wird. Nur bitte kein Affe.

ERSTER. Und dann kommt er endlich:

ALLE. Der Neue.

VIERTER. Er kommt mit dem Zug.

ZWEITER. Er braucht keine Fahrkarte.

ERSTER. Er hat einen ganzen Waggon für sich alleine.

DRITTER. Er trägt einen Maulkorb und eine schwere Kette um den Hals.

ZWEITER. Zwei Menschen zerren ihn an dieser Kette aus dem Zug.

DRITTER. Sie machen sich lustig über ihn.

VIERTER. Das Tageslicht blendet den Neuen.

ZWEITER. Nur undeutlich erkennt er die Wesen, die neben ihm aus den anderen Waggons herausquellen.

ERSTER. Solche Wesen hat er noch nie gesehen. Sie sind dürr wie Winterzweige. Gestreift wie Zebras. Aber sie gehen auf zwei Beinen. Und sie riechen nicht besonders gut.

ZWEITER. Der Neue sieht die gestreiften Zebrawesen mehr tot als lebendig aus dem Zug fallen.

DRITTER. Und was sehen die gestreiften Zebrawesen?

ZEBRAWESEN 1. Um Himmels willen, seht ihr das?

ZEBRAWESEN 2. Was ist das?

ZEBRAWESEN 3. Ein Monster! Ein haariges Monster auf vier Pfoten!

ZEBRAWESEN 2. Wo sind wir denn hier gelandet?

ZEBRAWESEN 1. Ich glaube, Freunde, wir sind in der Hölle.

DRITTER. Der junge Bär trabt seinen Bewachern brav hinterher.
Groß ist er geworden in den letzten Monaten, findet ihr nicht?

ERSTER. Er ist todmüde

DRITTER. und sterbenshungrig.

VIERTER. Viel mehr weiß er im Moment nicht.

ERSTER. Als man ihm den Maulkorb und die Kette abnimmt, sieht er als Erstes:

ZWEITER. die Bärenburg.

ERSTER. Als Zweites:

VIERTER. den summenden, brummenden Zaun ein paar Meter weiter.

ERSTER. Und zuletzt:

ZWEITER. Papa Pavian, der auf der Burgmauer hockt und ihn schief angrinst.

PAPA PAVIAN. Oh, wie nett, ein Bär also.
Und wir haben uns schon gefragt.
Wirklich reizend.
Weißt du, unser letzter Bär ist vor einem Jahr in Rente gegangen.
Lebt jetzt auf einer Südseeinsel und lässt es sich gut gehen. Gestatten, Papa Pavian, und im Namen aller Kolleginnen und Kollegen möchte ich dich offiziell in unserem Zoologischen Garten willkommen heißen.
Hattest du eine angenehme Reise?

BÄR. Irgendwas stinkt hier.

PAPA PAVIAN. Das ist bloß der Schornstein da, auf der anderen Seite des Zauns.

Die Öfen, weißt du.
(Keine Reaktion.)
Damit wird hier geheizt.

BÄR. Es ist Frühling.
Da heizt man nicht.

PAPA PAVIAN. Ehrlich gesagt, ich riech das schon gar nicht mehr.
Da gewöhnst du dich schnell dran.

BÄR. Aha. *(Pause.)*
Schon bisschen mickrig.

PAPA PAVIAN. Mickrig?

BÄR. Hab mir so einen Zoo immer viel größer vorgestellt.

PAPA PAVIAN. Es mag schon sein, dass es größere Zoos gibt.
Dafür haben wir es hübsch kuschelig und total familiär.

BÄR. Klingt nett.

PAPA PAVIAN. Ja, wir legen hier sehr viel Wert auf das Familiäre, weißt du.
(Keine Reaktion.)
Schließlich sind wir doch alle Kollegen, nicht wahr.
Sitzen alle im selben Boot, sozusagen.
(Keine Reaktion.)
Na ja.
Und? Was ist so deine Spezialität?

BÄR. Was ist meine was?

PAPA PAVIAN. Deine Spezialität.
Dein Fachgebiet.
Wofür hat man dich engagiert?
Dein Vorgängerbär konnte zum Beispiel ganz bezaubernd auf den Hinterpfoten tanzen, dazu mit zwei Keu-

len jonglieren und auch noch ein Liedchen dabei brummen.
Kannst du das auch?

BÄR. Ich kann gut Witze erzählen.

PAPA PAVIAN. Ach ja?

BÄR. Was ist warm und riecht nach Banane?

PAPA PAVIAN. Haha, keine Ahnung –

BÄR. Affenkotze.
(Keine Reaktion.)
Ist sonst der Brüller.

PAPA PAVIAN. Du solltest ein bisschen auf dein loses Mundwerk achtgeben.
Nur mal so als kollegialer Rat.
Die Gestiefelten haben eine etwas eigenwillige Auffassung von Humor.

BÄR. Die Gestiefelten?

PAPA PAVIAN. So nennen wir die Menschen, die uns engagiert haben.
Wegen ihrer glänzenden Stiefel.
Die mögen uns eigentlich sehr, die haben ein Herz für Tiere, 1A-Futterverhältnisse, da kann keiner meckern.

BÄR. Na dann.

PAPA PAVIAN. Aber die können auch anders.

BÄR. Anders.

PAPA PAVIAN. Siehst du die Gestreiften da, auf der anderen Seite des Zauns?

BÄR. Die Zebras?
Klar und deutlich.

PAPA PAVIAN. Von wegen Zebras. Das sind Menschen.

BÄR. Menschen?
Du machst Witze.

PAPA PAVIAN. Im Gegenteil.
Von denen hältst du dich besser fern.

BÄR. Kunststück, steht ja ein Zaun davor.

PAPA PAVIAN. Ich erklär dir mal, wie das hier so läuft.
Die Gestiefelten sind die Bosse.
Und die Gestreiften sind gar nichts.

BÄR. Dafür, dass sie gar nichts sind, sind sie aber ganz schön viele.

PAPA PAVIAN. Die Gestreiften bringen uns das Futter und schauen nach dem Rechten, aber das war's auch schon.
Kein Kontakt, kapiert?
Nur mal so als kollegialer Rat.
Kommt schon ab und zu vor, dass die Gestiefelten sich einen von den Gestreiften schnappen und mit zusammengeschnürten Daumen an einen Ast hängen, dass es nur so knackt.
Die Daumen, meine ich, nicht der Ast.
Frag mich nicht, was das soll.
Ich misch mich da nicht ein.

BÄR. Allerhand.

PAPA PAVIAN. Also, wie gesagt, immer schön achtgeben.
Lieber gar nicht erst auffallen.
Und nicht zu neugierig sein.
Sonst geht es dir wie dem Nashorn.

BÄR. Was denn für ein Nashorn?

PAPA PAVIAN. Es gab hier mal ein Nashorn, das hat sein Nasenhorn wohl etwas zu tief in fremde Angelegenheiten gesteckt.
Wenn du verstehst, was ich meine.

BÄR. Nicht wirklich.

PAPA PAVIAN. Mehr sage ich dazu nicht.

BÄR. Hab's kapiert.
Nicht zu neugierig sein.
Korrekt?
PAPA PAVIAN. Korrekt.
Nur die Harten bleiben im Garten.
Mein Motto.
Also dann.
Einen angenehmen Aufenthalt wünsche ich.
(Verschwindet.)
(Der Bär bemerkt das Murmeltiermädchen, das im Hintergrund an einem überdimensionalen Lolli leckt.)
BÄR. Und was ist deine Spezialität?
MURMELTIERMÄDCHEN. Was ist meine was?
BÄR. Nichts, vergiss es.
MURMELTIERMÄDCHEN. Kein Problem.
Du bist der neue Bär, oder?
BÄR. Nein, ich bin ein verkleidetes Känguru, aber sag's keinem weiter.
MURMELTIERMÄDCHEN. Fleischfresser oder Pflanzenfresser?
(Keine Reaktion.)
Ich frag nur mal, weißt du, vorsichtshalber.
Man muss ja auf alles gefasst sein.
(Keine Reaktion.)
(Setzt sich neben den Bären.)
Mal lecken?
BÄR. Was?
MURMELTIERMÄDCHEN. Hier, mein Lolli.
Hab ich von den Gestiefelten gekriegt, fürs Männchenmachen.
BÄR. Nein danke.

MURMELTIERMÄDCHEN. Dann nicht.
Wer nicht will, der hat schon.
(Leckt am Lolli.)
Du hast einen drolligen Akzent.
BÄR. Und dich versteht man kaum.
MURMELTIERMÄDCHEN. Tut mir leid, bin halt ein Murmeltier.
Wo kommst du her?
BÄR. Egal.
Russland.
Sibirien.
Egal.
MURMELTIERMÄDCHEN. Sibirien.
Aha.
Mannomann.
BÄR. Und selber?
MURMELTIERMÄDCHEN. Von hier.
Meine Mama ist aus den Alpen eingewandert, da war sie schwanger mit mir.
Streng genommen bin ich also gar kein Murmeltier, sondern –
(Jodelt.)
ein Jodeltier.
(Der Bär schaut sie schweigend an.)
Wie bist du denn hergekommen?
BÄR. Jedenfalls nicht freiwillig.
MURMELTIERMÄDCHEN. Nicht?
BÄR. Nein.
MURMELTIERMÄDCHEN. Weißt du, die meisten von uns Tieren hätten ihre rechte Pfote dafür gegeben, dass sie hier arbeiten dürfen.

Das ist nicht so leicht, in diesem Zoo einen Job zu kriegen.
Da muss man sich richtig bewerben und vorsprechen und alles.
Die nehmen nur das Allerbeste vom Allerbesten, die Gestiefelten.
Ein echter Elite-Zoo ist das.
(Keine Reaktion.)
Du redest nicht gern, was?
(Keine Reaktion.)
Ist schon in Ordnung.
Echt nicht mal lecken?
(Pause.)

BÄR. Na gut.
(Nimmt den Lolli und leckt.)

MURMELTIERMÄDCHEN. Bitte schön.

BÄR. Was war mit diesem Nashorn?

MURMELTIERMÄDCHEN. Nashorn?
Was denn für ein Nashorn?
(Steht auf, nimmt den Lolli zurück.)
Ein Nashorn haben wir hier nicht.
So, Bär, dann stell ich dir mal deine Kollegen vor.

4 Dreierlei Duft

ZWEITER. Habt ihr schon mal einen Bärenjungen gesehen, der im Schlaf den Duft von Honig wittert?

VIERTER. Das sieht wirklich drollig aus. Schaut mal.

BÄR. Mmmmmm, Honig –

ZWEITER. Der Bär glaubt noch zu träumen.

ERSTER. Halb schlafend tapst er jetzt aus seiner Höhle heraus ans Licht des jungen Morgens.

BÄR. Mmmmmm, Honig –

ZWEITER. Wenn wir ehrlich sind, ist es eher ein Torkeln als ein Tapsen.

VIERTER. Der Honigduft zieht ihn wie ein Magnet ins Freie.

ERSTER. Der Honigduft überdeckt sogar den Schornsteingestank.

ZWEITER. Kurz gesagt: Der Bär ist von Kopf bis Fuß auf Honig eingestellt.

BÄR. Mmmmmm, Ho–

ERSTER. Aber was er jetzt sieht, lässt ihn den Honig mit einem Schlag vergessen.

ZWEITER. Einer von diesen gestreiften Angeblichmenschen steht nur wenige Meter von ihm entfernt – mitten in seiner Burg!

VIERTER. Zitternd, nein: schlotternd, das Gesicht zum Boden gewandt und mit beiden Händen einen Topf von sich weg- und dem Bären hinstreckend, aus dem die süßen, unsichtbaren Schwaden wabern.

ERSTER. Drei Gestiefelte stehen hinter der Mauer der Bärenburg und grinsen.

ZWEITER. Der Bär schnuppert.

Zwischen Honig und Schornstein hat sich ein dritter, bitterer Geruch gemischt, den er noch nicht kennt:

VIERTER. Hoffnungslosigkeit.

(Der Gestreifte steht zitternd mit dem Topf in den Händen da und wartet nur darauf, dass der Bär ihm den Schädel einschlägt.

Der Bär ist in der Tat ein wenig unsicher, was er tun soll. Langsam geht er zu dem Gestreiften hin, unentwegt, wenn auch angeekelt, schnuppernd, er umkreist den Gestreiften, der jetzt noch stärker zittert.

Der Bär bleibt direkt vor dem Gestreiften stehen und beschnüffelt dessen Gesicht.

Für den Gestreiften, der jetzt die Augen fest zusammenkneift, ist es wie der Hauch des Todes.

Plötzlich und mit angewidertem Gesicht nimmt der Bär mit einer hastigen Bewegung den Honigtopf an sich und verzieht sich in eine andere Ecke.

Der Gestreifte bleibt noch eine ganze Weile regungslos stehen.

Er kann gar nicht glauben, dass er am Leben ist.

Aber so richtig darüber freuen kann er sich auch nicht.

Langsam geht er rückwärts ab, während der Bär genüsslich hin und her kullernd den Topf ausschleckt.)

5 Die zwei Gestreiften

VIERTER. Der neue Bär ist natürlich das Gesprächsthema Nummer eins bei den Gestiefeltenkindern in den schönen Häusern.
Im Schulbus, der sie aus der Stadt unten am Fuße des Berges nachhause fährt, rätseln sie, was wohl die Spezialität des neuen Bären sein mag.

ERSTER. Hoffentlich, sagt eine von ihnen, wird der nicht auch verrückt, so wie der letzte Bär.

ZWEITER. Aber du weißt doch, antwortet ein anderer, daran waren einzig und allein die Stinker von der anderen Seite des Zauns schuld.
Die haben ihn hypnotisiert und krank im Kopf gemacht.
Davor müssen wir den neuen Bären unbedingt beschützen.

DRITTER. Später, im Garten eines der schönen Häuser, toben sie wild umher und spielen, was sie immer spielen.

ZWEITER. Sturzflugattacke.

ERSTER. Die Eroberung Amerikas.

VIERTER. Gestiefelte bestrafen Gestreifte.

DRITTER. Und dann ist endlich Sonntag.
Sonntag ist Zootag.
Die Gestiefeltenkinder haben ihre feinsten Sachen angezogen und zerren ihre Vatis und Muttis hin zum Zoo am summenden, brummenden Zaun.

ERSTER. Dort gehen die Tiere jetzt auf Position.

ZWEITER. So viel Besuch hat man schon lange nicht mehr gehabt.

DRITTER. Die Tiere zeigen sich von ihrer besten Seite.
Die Enten schwimmen artig auf dem Tümpel, nach

Größe sortiert, Köpfchen in das Wasser, Schwänzchen in die Höh,

ZWEITER. dazwischen kreuzen majestätisch, wie zwei schwarze Segelschiffe, Madamm und Mössiö.

VIERTER. Herr und Frau Mufflon traben in elegantem Gleichschritt durch das Gehege und stehlen dem Hirsch und den Rehen ein wenig die Schau,

ERSTER. während das Murmeltiermädchen auf dem Wildschweinrücken auf und ab hüpft und wie am Fließband Männchen macht.

DRITTER. Gegen den Neuen jedoch haben sie alle keine Chance.
Die Gestiefeltenkinder wollen nur ihn sehen.

ZWEITER. Ganz grün vor Neid hockt Papa Pavian in seiner Baumkrone und schaut zu, wie sich die Mädchen und Jungs an der Bärenburg die kleinen Nasen plattdrücken.

ERSTER. Sie sind unheimlich aufgeregt und merken gar nicht, dass der Bär sich kein Stück für sie interessiert.

DRITTER. Der Bär sitzt einfach nur da, ganz oben auf seiner Burg, und schaut über ihre Köpfe hinweg.

VIERTER. Er schaut hinüber, auf die andere Seite des Zauns,

ZWEITER. zu den Gestreiften, die sich zwischen den hässlichen Häusern hin- und herbewegen, sehr langsam, sehr bleich, sehr dürr und totenstill.

VIERTER. He, der Bär schaut ja gar nicht zu uns, ruft jetzt ein Junge mit braunem Hemd und kurzen Hosen.

ERSTER. Der glotzt andauernd rüber zu den Stinkern, ruft ein Mädchen mit Zöpfen.

ZWEITER. Seht ihr, was hab ich gesagt, die wollen ihn hypnotisieren und krank machen, ruft ein anderer Junge mit Seitenscheitel.

VIERTER. Wir müssen die Stinker vom Zaun vertreiben, dann können sie unserem Bären nichts antun, ruft ein dritter Junge mit Stiefeln an den Füßen und einem Gewehr um die Schulter,

ERSTER. das fast so lang ist wie er groß –

ZWEITER. das er jetzt von der Schulter nimmt –

ERSTER. das er jetzt anlegt, ein Auge zugekniffen, und eins, zwei, drei –

ALLE. BÄNG!

(Pause.)

DRITTER. Auf der anderen Seite des Zauns fällt einer um. Fällt einfach um und weiß nicht mal warum, als hätte ihm wer die Beine weggezogen, und als er der Länge nach auf dem harten Lehmboden aufschlägt, ist er schon eine halbe Ewigkeit und drei Tage tot, der Junge mit dem gelben Stoffstern und der Nummer 134785 auf dem gestreiften Kittel und dem kleinen Loch in der papierdünnen Stirn, der gestern noch vor den anderen Jungs so stolz davon erzählte, wie er den neuen Bären gefüttert hat:

VIERTER. Ganz böse hat der mich angeknurrt,

ZWEITER. aber nicht mit mir, Bürschchen, nicht mit mir,

ERSTER. halt bloß die Schnauze, sonst setzt es Prügel, hab ich gesagt.

ERSTER, ZWEITER & VIERTER. Hab ich gesagt.

DRITTER. Der Bär ist starr vor Schrecken.

VIERTER. Einer von den großen Gestiefelten geht jetzt schnell auf den kleinen Gestiefelten mit dem Totmachgewehr zu, reißt es ihm aus den Händen, wedelt streng mit dem Zeigefinger,

ERSTER. du, du, du,

ZWEITER. packt den Schützen am Ohr und zieht ihn,

VIERTER. aua, Vati, aua, aua,

ZWEITER. mit sich fort.

ERSTER. Den toten Jungen auf der anderen Seite des Zauns zieht keiner fort.

VIERTER. Regungslos stehen die Gestreiften da.
Wie eingefroren.
Wie festgeschraubt.

ZWEITER. Von hinten kommt da jetzt einer und schiebt sich durch die unbewegliche Menge nach vorne, mit kleinen, schlurfenden Holzpantoffelschritten, bis er neben dem Jungen mit dem Loch im Kopf stehen bleibt.

VIERTER. Der Gestreifte schaut lange auf den Toten hinunter.
Wie betäubt sinkt er auf die Knie nieder.
Der Mund macht Geräusche.
Unheimliche Geräusche.
Nie zuvor hat der Bär diese Geräusche gehört.
Mit zitternden Händen fasst der Gestreifte den Jungen am Kopf, dreht ihn vorsichtig hin und her, flüstert etwas in sein Ohr, wartet, horcht, flüstert erneut, streichelt ihn und lässt ihn wieder los.

DRITTER. Ein tiefes Einatmen – und plötzlich läuft der Gestreifte los. Geradewegs auf den summenden, brummenden Zaun läuft er zu.
Ein Getuschel und Gemurmel von allen Seiten.
Noch ein paar Schritte, und schon ist der Zaun erreicht.
Der Gestreifte breitet seine Arme weit aus wie zur Umarmung.
Ein kurzer Aufschrei, mehr ein Stöhnen.
Dann wirft er sich mit voller Wucht gegen den Draht.

Der Draht faucht zornig.

Ein lauter Knall, Funken sprühen aus dem Zaun und bald auch aus dem Gestreiften, bis sein Gesicht sich zu einer grauenhaften Fratze verzerrt.

Und so bleibt er liegen im knisternden Draht.

(Pause.)

ERSTER. Irgendwann –

VIERTER. irgendwann –

ZWEITER. irgendwann schaut der Bär sich um.

Aber da ist schon längst keiner mehr.

6 Oben

Ein paar Stunden später,
es ist Abend,
steigen zwei dunkelgelbe Wolken aus dem hohen Schornstein empor.
Die größere schwebt, so scheint es, ein wenig voran,
als wollte sie der kleineren den Weg zeigen.
Was eigenartig ist:
In dem Moment, wo die beiden Wolken den Schlot verlassen, hört der Wind auf zu wehen.
Langsam,
ganz langsam und unberührt,
steigen sie höher und höher,
verharren manchmal, als schauten sie noch einmal zurück, und setzen dann ihren Weg fort,
höher und höher und höher,
bis man sie von all den anderen dunkelgelben Wolken
gar nicht mehr unterscheiden kann.

7 Nur die Harten bleiben im Garten

MURMELTIERMÄDCHEN. Hast dich ganz schön erschrocken, was, Bär?
(Keine Reaktion.)
Ist nicht schlimm, so geht das jedem Neuen hier. Mit der Zeit gewöhnst du dich dran.
(Keine Reaktion.)
Mach es einfach wie ich: ein halbes Jahr schlafen, danach hast du das Gröbste wieder vergessen und das Leben beginnt von Neuem.
(Keine Reaktion.)
Papa Pavian meint, das war schon irgendwie auch deine Schuld heute.
(Keine Reaktion.)
Er sagt, wenn du deine Arbeit gemacht hättest wie wir alle und nicht ständig auf die andere Seite des Zauns geglotzt hättest, sagt er, dann wäre das nicht passiert, was passiert ist – wahrscheinlich.
(Keine Reaktion.)
Sagt er.
(Pause.)

BÄR. Sagt er.

MURMELTIERMÄDCHEN. Weißt du, ich seh das ja so:
Solange die sich selbst totmachen, kann es uns doch egal sein, oder?

BÄR. Findest du.

MURMELTIERMÄDCHEN. Na ja, nur die Harten bleiben im Garten.

BÄR. Ich will zu meiner Mutter und meiner Schwester.

MURMELTIERMÄDCHEN. Kann ich ja verstehen.
Aber du kommst hier nicht weg.

BÄR. Das wirst du schon sehen.

MURMELTIERMÄDCHEN. Der letzte Bär hat das auch schon –
ich meine –

BÄR. Was hat der letzte Bär?

MURMELTIERMÄDCHEN. Ach, gar nichts, hab's schon wieder vergessen.

BÄR. Raus mit der Sprache, wovon redest du?

MURMELTIERMÄDCHEN. Aber Papa Pavian hat es uns verboten.

BÄR. Papa Pavian hat mir erzählt, der letzte Bär würde heute glücklich und zufrieden auf einer Insel leben.

MURMELTIERMÄDCHEN. Von wegen Insel.
Komplett ausgetickt ist der, hat sich eines Nachts einen Tunnel gebuddelt – unter der Burgmauer durch!
Das Letzte, was ich im Morgengrauen von ihm sah, war sein dicker Hintern, als er da drüben im Wald verschwand.
Am ersten Tag haben wir nichts von ihm gehört.
Und am zweiten auch nicht.
Da dachten wir schon, na gut, den sehen wir wohl nie wieder.
Aber am dritten Tag kam er dann doch zurück.

BÄR. Was denn, freiwillig?

MURMELTIERMÄDCHEN. Nein, tot.
(Keine Reaktion.)
Und zwar so richtig tot, verstehst du, der ganze Pelz voller Blut, das lief sogar aus der Schnauze und den Ohren raus.
War kein schöner Anblick, das kann ich dir sagen.

Frag mich doch mal, ob das ein schöner Anblick war.
Nein, das war es ganz und gar nicht.
Tja.
Und dann haben die Gestiefelten ihn –
(Pause.)

BÄR. Was?

MURMELTIERMÄDCHEN. Gegessen.
Sie haben ihn gegessen.

BÄR. Was –

MURMELTIERMÄDCHEN. Sie haben ihn gleich hier vorne über einem riesigen Feuer gebraten und bis auf die Knochen aufgegessen.
Das hat Stunden gedauert.
Du hättest mal die Gestreiften sehen sollen, wie denen das Wasser im Mund zusammengelaufen ist, nur vom Zugucken, das hat richtig geplätschert da drüben.

BÄR. Mir wird –

MURMELTIERMÄDCHEN. Den Pelz hat sich eine von den Gestiefeltenfrauen vors Bett gelegt, haben uns die Buntspechte erzählt.

BÄR. Ich glaub, ich muss –

MURMELTIERMÄDCHEN. Deshalb sage ich dir: Vergiss das mit der Flucht.
Die fangen dich eh wieder ein, und dann –
(Macht eine eindeutige Geste.)
(Pause.)
(Der Bär wendet seinen Blick himmelwärts.)
Wonach schaust du denn?

BÄR. Ich suche schon den ganzen Abend nach den beiden Bären.
Aber ich kann sie einfach nicht sehen.

MURMELTIERMÄDCHEN. Was denn für Bären?

(Pause.)

BÄR. An unserem letzten Abend zeigte meine Mutter in den Himmel und sagte zu uns:

Seht doch mal, Kinder, die Sterne da oben.

Findet ihr nicht, diese da sehen aus wie ein großer Bär, und diese dort wie ein kleinerer Bär, der dem großen folgt?

Meine Schwester und ich schauten hoch, aber alles, was wir sahen, waren bloß Sterne.

Na ja, sagte meine Mutter und streichelte jedem von uns sanft über den Kopf, wahrscheinlich bilde ich mir das bloß ein.

Ganz bestimmt tust du das, Mamabär, sagte meine kleine Schwester, wenn das nämlich Bären wären, müssten es ja *zwei* kleine und ein großer sein, so wie wir.

Da musste unsere Mutter lachen.

Sie hatte uns ein bequemes Versteck für die Winterruhe gebaut, mitten im allerdichtesten Wald, wo niemals ein Jäger hinkommt, mit Kissen aus Moos und vom Wind abgewandt, damit die Hunde uns nicht wittern könnten.

Konnten sie aber doch.

Das war das letzte Mal, dass ich meine Mutter und meine Schwester gesehen habe.

Kurz danach haben die Jäger mich gefangen.

Ich steckte in einem hohlen Baumstamm fest.

MURMELTIERMÄDCHEN. Oh.

(Pause.) Darf ich dich was fragen, Bär?

Was hattest du denn in einem hohlen Baumstamm zu suchen?

BÄR. Ich hielt das wohl für ein gutes Versteck.

MURMELTIERMÄDCHEN. Ach so.
(Rutscht an den Bären heran.)
Deiner Mama und deiner Schwester geht es bestimmt gut.
Ganz bestimmt.
Und weißt du, es ist hier wirklich nicht so schlimm, wie du denkst.
Man muss sich nur anpassen.
(Keine Reaktion.)
Versuch es doch wenigstens.

BÄR. Vorhin waren da oben zwei Wolken.
Die haben zu mir runtergeschaut.

MURMELTIERMÄDCHEN. Aha.
Tja –

BÄR. Wieso gibt es hier eigentlich keine Vögel?

MURMELTIERMÄDCHEN. Keine Vögel?

BÄR. Ich habe den ganzen Tag dagesessen und gelauscht.
Kein Vogelzwitschern weit und breit.
Hast du nicht was von Buntspechten erzählt?
Ich habe kein Hämmern gehört.
Wo sind die denn?
Es ist doch schon längst Frühling?

MURMELTIERMÄDCHEN. Keine Vögel.
Stimmt.
Die hatte ich schon ganz vergessen. *(Pause.)*
Vielleicht kommen die ja später dieses Jahr.

8 Brennender Nebel

ZWEITER. Als der Bär am nächsten Morgen in seiner Höhle erwacht, duftet es nicht nach Honig.

VIERTER. Ihm brummt der Schädel.
Übel ist ihm, die Augen brennen, die Ohren dröhnen, alles dreht sich.

ERSTER. Er schnappt nach Atem, reißt Maul und Nasenflügel weit auf, um mehr Luft einzusaugen – aber das macht es nur noch schlimmer.

ZWEITER. Plötzlich wird es ihm klar.

VIERTER. Plötzlich weiß er, was ihn krank macht.

DRITTER. Es ist die Luft.
Die Luft stinkt unerträglich.
Verbrannt.
Süß.
Aber nicht wie Honig.
Anders.

ERSTER. Er schleppt sich aus der Höhle.

ZWEITER. Draußen versucht der Tag zu dämmern,

ERSTER. aber der Nebel hämmert unbarmherzig auf ihn ein.

VIERTER. Ein dicker, schwerer, hungriger Nebel.

ERSTER. Der Bär schaut auf die andere Seite des Zauns, wo sich der große Schornstein in den Himmel bohrt,

ZWEITER. und was er da sieht, lässt ihn erschauern:

DRITTER. Flammen schlagen aus dem Schlot,
viele, viele Meter hoch.
Glühende Zungen aus Feuer.
Gelbe und rote Feuerzungen.
Darüber ein Wolkenmeer aus Rauch.
Es regnet Ruß.

VIERTER. Habt ihr schon mal einen Bärenjungen gesehen, der sich übergibt?
Das sieht ganz und gar nicht drollig aus.

ZWEITER. Nicht mal für den, der bloß zuschaut.

ERSTER. Aber es schaut keiner zu.

VIERTER. Durch den Rauch hindurch kann der Bär die anderen Tiere sehen.
Sie fressen und trinken, recken, strecken, putzen sich und gurgeln munter.

ZWEITER. Kein einziges von ihnen schaut auf die andere Seite des Zauns.

DRITTER. Das tut nur der Bär.

VIERTER. Im Nebel aus Qualm und Gestank erkennt er jetzt die Gestreiften.

ERSTER. Sie schieben einen großen, schweren Karren zum Schornstein hin.

DRITTER. Der Bär kann nicht genau sehen, womit der Karren beladen ist.
Ist das da nicht ein nackter Fuß?

VIERTER. Im nächsten Moment wird die Gruppe vom Nebel verschluckt.

ZWEITER. Der Bär will zurück in seine Höhle.

ERSTER. Der Rauch frisst sich in seine Augen.

ZWEITER. Er hört sich noch etwas in Richtung Zaun brüllen.

VIERTER. Dann wird es finster.
Und still.

9 Anderswo

Mama?

Was ist denn, mein Kind?

Mama, ich kann nicht schlafen.

Erzählst du mir noch eine Geschichte?

Eine Geschichte?

Mhmm.

Da muss ich mal überlegen.

Tja.

Mir fällt aber nur eine traurige ein.

Das ist egal.

Also schön, wie du meinst.

Hör zu.

Es war mal ein Junge, der war gestorben und kam nun an jenen Ort, wo alle gestorbenen Jungen hinkommen.

Hinter einem hohen Pult saß ein alter Mann und hielt ein Schläfchen.

Er schnarchte leise.

Kannst du ihn schnarchen hören, Kind?

Ja, Mama, ich kann ihn hören. Erzähl weiter.

Der Neuankömmling trat etwas näher heran, räusperte sich schüchtern, worauf der Alte müde den Kopf hob und ihn von oben bis unten mit wachsendem Erstaunen betrachtete.

Du meine Güte, sagte er, sieh dich mal an, du bist ja völlig verbrannt!

Der Junge schaute an sich herab, und tatsächlich: Er war bis an die glimmenden Zehenspitzen verkohlt wie ein Stück Brennholz.

Was um alles in der Welt ist dir denn zugestoßen?

Der Junge wollte antworten, dass er sich an nichts mehr erinnerte, aber seine Lippen waren unlösbar miteinander verschmolzen und seine Zunge dahinter restlos zu Asche verbrannt.

Na, ich kann es mir schon denken: die Sonne! Unser Fräulein Sonne hat dich so zugerichtet, nicht? Typisch mal wieder.

Das Fräulein Sonne aber, welches zufällig gerade in der Nähe war, hörte die Anschuldigung, kam auf langen, leuchtenden Strahlen angestakst, schaute den Jungen abschätzig an, verzog angeekelt das Gesicht und näselte:

Das war ich nicht. Diesen Burschen da habe ich weder je gesehen noch verbrannt. Mein Wort drauf.

Damit wendete sie sich ab und stakste mit gerümpftem Näschen wieder von dannen.

Mhmm, murmelte da der Alte, schabte sich, ratschratsch, das Kinn und überlegte und überlegte nochmal, wer könnte das sonst gewesen sein?

Ratlos ließ der Junge da Kopf und Schultern herabsinken, dabei lösten sich kleine Ascheklumpen und bröckelten auf den Boden nieder, wo sie zu schwarzem Staub zerfielen.

Auch er dachte nach.

Aber so sehr er sich auch anstrengte, er konnte sich einfach an nichts erinnern.

Nach einer Weile streckte er seinen rechten Zeigefinger empor, der nur noch ein Stück Kohle war, und malte zittrig ein einziges Wort mitten auf das Pult des Alten:

FAMILIE

und setzte dahinter noch ein Fragezeichen.

Familie? Der Alte schaute den Jungen mitleidig an.
Nein, keine Ahnung, was mit deiner Familie ist. Ich hab schon genug mit deinesgleichen zu tun.
Plötzlich wölbten sich seine buschigen Augenbrauen.
Ich Dussel, ich fürchte, ich werde langsam alt. In letzter Zeit sind hier schon ein paar von deiner Sorte angekommen.
Wo hab ich sie nur, wo hab ich sie nur hin– … Ach, jetzt weiß ich es wieder. Voilà!
Mit der schwungvollen Geste eines Zirkusdompteurs zog er einen kleinen Vorhang hinter sich auf, der den Blick auf eine riesige Halle freigab.
Im schummrigen Halbdunkel standen da Dutzende, nein, Hunderte von Jungen, viele von ihnen ähnlich oder noch schlimmer verbrannt, andere zum Teil mit Erde bedeckt, wieder andere mit fehlenden Armen oder Beinen, und sie alle hoben in diesem Moment den Kopf wie aus einem Schlummer und blickten den Jungen stumm an.
Sind sie nicht bedauernswert, die armen Würmer? Es ist so traurig, so unsäglich traurig, was für schlimme Zeiten. Und das sind bloß die Neueingänge. Hier, schau.
Eine ganze Reihe von Vorhängen, die der Junge bis dahin gar nicht wahrgenommen hatte, öffnete sich nun, Vorhang für Vorhang, wie von Geisterhand, und hinter jedem dieser Vorhänge drängten sich in überwältigender Totenstille unüberschaubare Kolonnen von Kindern, Jungen und Mädchen.
Große.
Kleine.
Ganz kleine.
Ungeborene Kinder.

Verbrannte Kinder. Verrenkte Kinder. Zerfressene und zerrissene Kinder.

Ein gespenstisches Bild war das, wie sie da standen und mit demselben leeren Blick nach draußen lugten, ein Alptraum aus einem schlimmen Märchen, und hätte der Junge seine Sprache nicht eh schon verloren, dieser Anblick hätte sie ihm vollends geraubt.

Die sind alle wie du. Jedes von denen ist gekommen, so wie es da steht. Ohne Koffer, ohne Familie, ohne Erinnerung an irgendwas.

Der Alte seufzte von ganzem Herzen.

Doch da, mitten in dieser ungeheuren Masse von ausgezehrten Kinderleibern – streckten sich da nicht zwei dürre Arme empor und winkten dem Jungen zu?

Huhu!

Er schaute genauer hin.

Huhu, Bruder!

Bruder?

Hier, Bruder! Hier bin ich! Deine Schwester!

Er traute seinen Augen nicht. Die beiden wild wedelnden Arme gehörten tatsächlich seiner kleinen Schwester!

Ganz deutlich konnte er jetzt ihr rußgeschwärztes Gesicht erkennen, wie es in dem reglos starrenden Kinderhaufen auf und nieder hüpfte wie ein schwarzer Ball.

Hätte der Junge sprechen können, so hätte er seiner Schwester laut entgegengerufen:

Schwester, wie schön, dich zu sehen!

Bist du ganz alleine hier?

Aber das konnte er ja nicht.

Stattdessen wollte er zu ihr hinlaufen, sie in die Arme

schließen und zärtlich ihren verbrannten Kopf streicheln, doch so sehr er sich auch anstrengte, er kam nicht von der Stelle, wie angeleimt klebten seine dampfenden Füße auf dem Boden.

Er schickte einen flehenden Blick zu dem Alten hinauf.

Der jedoch schüttelte nur langsam den Kopf und zog die Vorhänge wieder zu, einen nach dem anderen, Vorhang für Vorhang.

Tut mir leid, mein Junge, aber mehr als Gucken ist nicht. Und außerdem, hat Papa Pavian dich nicht davor gewarnt, allzu neugierig zu sein?

Erst jetzt bemerkte der Junge das große Horn, das dem Alten von der Schnauze schräg nach oben wuchs.

Und dann begann das Nashorn zu lachen.

Es lachte laut.

Es lachte so laut, dass es den Jungen in seinen verbrannten Ohren schmerzte.

Es lachte so laut, dass alles zu beben begann: der Tisch, die Vorhänge, der Junge und das Nashorn selbst.

Es lachte und lachte und lachte so unfassbar laut, und dann hörte der Junge es rufen –

PAPA PAVIAN. Nun wach schon endlich auf, du verrückter Bär!

10 Die Vöglein schweigen im Walde

HERR MUFFLON. Da! Ich glaube, er hat sich bewegt.

PAPA PAVIAN. Hat er?
Hat er nicht.

HERR MUFFLON. Hat er doch – da!

MURMELTIERMÄDCHEN. Ich meine auch, ich hätte was gesehen.

PAPA PAVIAN. Du sei still. Du bist noch viel zu jung, um eine Meinung zu haben.

MURMELTIERMÄDCHEN. Aber –

PAPA PAVIAN. Schon dumm genug, dass du ihm das von seinem Vorgängerbären erzählen musstest.

BÄR. Was – was ist – wo bin ich?

MURMELTIERMÄDCHEN. Siehst du?
Er ist wach.

BÄR. Wo – Mama?

HERR MUFFLON. Wie süß, er hält dich für seine Mama, Papa Pavian.

PAPA PAVIAN. Wir müssen reden.

BÄR. Was –

PAPA PAVIAN. Hör zu, Kollege, so geht das nicht.

BÄR. Wie –

PAPA PAVIAN. Damit bringst du nicht nur dich in Gefahr, sondern uns alle.

BÄR. Aber –

HERR MUFFLON. Also, ich persönlich kann das ja verstehen, wenn der Zorn einen so bei den Hörnern packt, aber –

PAPA PAVIAN. Man muss das eben unterdrücken.
Irgendwie.
Wenn es sein muss, auch mit Gewalt.
Sonst gibt es ein Unglück.

HERR MUFFLON. Genau.

BÄR. Was ist denn los?
Ich kann mich an gar nichts mehr –
Der Rauch –
Aus dem Schornstein –
Dieser ekelhafte Rauch –
Ich glaub, ich muss schon wieder –

PAPA PAVIAN. Immer dasselbe.
Nur Scherereien mit euch Bären.
Wir sind hier doch nicht in Sibirien, Mann!

MURMELTIERMÄDCHEN. Du bist gestern früh vor deiner Höhle zusammengebrochen. Bevor du ohnmächtig wurdest, hast du ein paar, na ja, Dinge gerufen.

PAPA PAVIAN. Dinge ist gut.
Ha!
Dinge!

BÄR. Was denn?
Ich weiß gar nichts mehr.
Mein Kopf –

HERR MUFFLON. Auf alle Fälle keine angenehmen Dinge.

PAPA PAVIAN. Nein, das kann man nun wirklich nicht behaupten.

MURMELTIERMÄDCHEN. Du hast geschrien, wir sollten doch hinschauen:
Schaut doch hin, schaut doch hin!
Sie verbrennen uns alle!
Uns alle!
Der Bär war nur der Anfang!
Jetzt sind die Gestreiften dran!
Und ihr und ich, wir sind die Nächsten!
Die Vögel haben das längst kapiert!
So in etwa.

PAPA PAVIAN. Nein, nicht so in etwa.
Das waren ziemlich haargenau deine Worte.

HERR MUFFLON. Kann ich bezeugen.

BÄR. Du hast mir erzählt, der letzte Bär würde glücklich auf einer Insel leben.

PAPA PAVIAN. Das habe ich gesagt, damit du keinen falschen Eindruck von uns bekommst.
Eine Notlüge, völlig vertretbar.

BÄR. Wie rücksichtsvoll.

PAPA PAVIAN. Was sollte das bitteschön heißen, die Vögel haben das längst kapiert?

BÄR. Siehst du hier welche?

PAPA PAVIAN. Welche was?

BÄR. Vögel.

PAPA PAVIAN. Klar doch, da hinten die Enten, gleich fünf Stück davon, und dann sind da noch Madamm und Mössiö, das sind ja wohl auch Vögel, oder? Mehr als genug, wenn du mich fragst.

BÄR. Du weißt, welche Vögel ich meine.
Die Vögel im Wald.
Die freien Vögel.
Diese Dings zum Beispiel, diese Bunt–
Wie heißen die nochmal?

MURMELTIERMÄDCHEN. Ähm – Spechte. Buntspechte. *(Kassiert einen strafenden Blick von Papa Pavian.)*

BÄR. Genau die.
Ein Wald ohne Vögel, wo gibt's denn sowas?
Nicht einmal da, wo ich herkomme, gibt es das.

PAPA PAVIAN. Na und?
Wenn schon.
Ich pfeif auf die Buntspechte.
Die Burschen waren eh viel zu laut.

Weißt du was, Bär, ich weiß nur eins:

Anderswo geht es meinen Artgenossen viel schlechter als uns. Anderswo wird uns Pavianen das Fell über die Ohren gezogen, bei lebendigem Leib, und ein Handschuh draus gemacht.

Zwei Handschuhe: zwei Paviane.

Die Menschen spritzen uns Gift in die Augen und schauen uns beim Erblinden zu.

Sie pinseln uns mit Säure ein und lassen uns auf brennenden Füßen tanzen.

Das weiß ich von meinem Vetter.

Der hat das selbst mitgemacht, der arme Kerl.

Danach haben sie ihn auf den Müll geschmissen, obwohl er noch am Leben war.

So halbwegs zumindest.

Hier ist das alles anders.

Hier ist man gut zu uns Tieren.

Hier weiß man, was man an uns hat.

Solange wir uns benehmen.

Wenn du mich also fragst, Bär, ob ich lieber hier bin als anderswo, dann kann ich dir nur sagen:

lieber hier.

Der Rest interessiert mich nicht.

Jedem das Seine.

(Allgemeines betretenes Schweigen.)

Also, bleib fair, Bär, mach deinen Job und keinem geschieht etwas.

Und dieser Unsinn von den Vögeln bleibt bitte schön unter uns.

11 Frag die Eichhörnchen

VIERTER. Bald weiß jedes Tier im Zoo, was der Bär über die Vögel erzählt hat.

DRITTER. Stimmt, sagen die Rehe und schauen verwundert in die Höhe, hier gab es doch mal Vögel.

ERSTER. Sofort geht die Fragerei los.

DRITTER. Die Rehe fragen die Enten, ob die denn wüssten, was mit den anderen Vögeln passiert ist:
Haben die euch nichts gesagt, so von Vogel zu Vogel?

VIERTER. Aber die Enten wissen von nichts, sondern stecken bloß die Köpfchen ins Wasser.

DRITTER. Also fragen die Rehe den Hirsch:
Weißt du denn nicht, was los ist mit den Vögeln?

ZWEITER. Kein Schimmer, sagt der Hirsch, aber ich frag mal die Wildschweine.

ERSTER. Aber die Wildschweine haben auch keine Ahnung:
Wir haben die Schnauzen doch immer unten im Matsch, was wissen wir schon, was da oben vor sich geht.
Frag mal die Eichhörnchen.

ZWEITER. Also fragt der Hirsch die Eichhörnchen:
He, ihr da oben, habt ihr eine Idee, wieso die Vögel nicht mehr da sind?

VIERTER. Die Eichhörnchen überlegen und überlegen und knabbern dabei nervös an einer Nuss, und dann sagen sie:

EICHHÖRNCHEN 1. Mhmm, jetzt, wo du es sagst.

EICHHÖRNCHEN 2. Die Vögel haben sich nach und nach aus dem Staub gemacht.

EICHHÖRNCHEN 1. Die ersten waren die Zilpzalpe.

EICHHÖRNCHEN 2. Als nächstes gingen die Blaumeisen,

EICHHÖRNCHEN 1. und dann die Finken,

EICHHÖRNCHEN 2. die Zeisige,

EICHHÖRNCHEN 1. die Schwalben,

EICHHÖRNCHEN 2. die Sperlinge

EICHHÖRNCHEN 1. und die Spechte,

EICHHÖRNCHEN 2. die haben wir aber nicht wirklich vermisst, die Spechte, weil die immer so einen Höllenlärm gemacht haben,

EICHHÖRNCHEN 1. die sollen bleiben, wo der Pfeffer wächst, die Spechte.

EICHHÖRNCHEN 2. Tja, und schließlich war überhaupt kein Vogel mehr da.

ZWEITER. So, so, sagt da der Hirsch, und wisst ihr denn noch, wie das angefangen hat?

EICHHÖRNCHEN 1. Mit dem da drüben hat es angefangen.

EICHHÖRNCHEN 2. Genau.
Mit dem Schornstein hat es angefangen.

12 Problembär

PAPA PAVIAN. Der Schornstein, der Schornstein, papperlapapp!
Alle quatschen nur noch von diesem Schornstein.
Was soll denn plötzlich los sein mit dem Schornstein?
Ein Schornstein ist ein Schornstein ist ein Schornstein ist ein Schornstein.

HERR MUFFLON. Aber die Eichhörnchen –

PAPA PAVIAN. Hör mir auf mit den Eichhörnchen.
Schuld an allem ist der Bär.
Macht mir die Viecher ganz wuschig mit seinem Rumgespinne.
Der Hirsch und die Enten haben sich schon krankgemeldet.
Rauchvergiftung, sagen sie.
Aber in Wahrheit hat der Bär sie vergiftet mit seinem Gelaber.
Das war so nett hier, bevor der kam.
Das geht doch nicht.

HERR MUFFLON. Nun ja – ich – vielleicht hat er aber –

PAPA PAVIAN. Der Bär muss weg, das steht fest.
Wer nicht lernen will und so weiter.
Und zwar schleunigst.
Sonst enden wir auch noch als Handschuhe.
Oder auf dem Grill.
Was ist dir lieber?

HERR MUFFLON. Also ich weiß nicht –

PAPA PAVIAN. Gegrilltes Mufflon ist eine Delikatesse bei den Gestiefelten.
Habe ich gehört.

(Herr Mufflon schluckt unbehaglich.)
Der nächste Zoobesuch wird es zeigen.
Wenn der Bär den Gestiefelten dann noch immer nicht mehr zu bieten hat, als blöde rumzusitzen und in die Gegend zu gaffen, werden die ihn eh vor die Tür setzen. Und was das bedeutet, muss ich dir ja nicht erklären.

13 Muffischatzi

FRAU MUFFLON. Was ist denn, Muffischatzi?
Du bist ja so still.

HERR MUFFLON. Ich weiß auch nicht, was los ist.

FRAU MUFFLON. Geh doch raus und renn gegen das Gatter, dann geht es dir bestimmt gleich wieder besser.
Bisschen Dampf ablassen und so.

HERR MUFFLON. Nö, lass mal, heute nicht.
Weißt du, das mit den Vögeln hat mir wirklich zu denken gegeben.

FRAU MUFFLON. Ja?

HERR MUFFLON. Was ist, wenn das stimmt, was der Bär sagt, und die Vögel tatsächlich die Flatter gemacht haben, weil hier irgendwas gewaltig stinkt?

FRAU MUFFLON. Das hätten die uns aber dann ruhig auch sagen können, finde ich. Wir waren immer anständig zu den Vögeln, finde ich.

HERR MUFFLON. Vielleicht sind wir wirklich die Nächsten.
Ich meine, wenn die Gestreiften erst mal alle aufgebraucht sind, vielleicht machen sich die Gestiefelten dann über uns her?
Gegrilltes Mufflon ist bei denen eine Delikatesse, habe ich gehört.

FRAU MUFFLON. Aber von den Gestreiften gibt es doch so viele, wie sollten die jemals aufgebraucht sein?

HERR MUFFLON. Wenn der Bär den Gestiefelten morgen nichts Neues zu bieten hat, sagt Papa Pavian, werden die ihm die Bärenlampe ausknipsen.

FRAU MUFFLON. Halt dich da lieber raus, Muffischatzi, das geht uns nichts an.
Denk an das Nashorn.

HERR MUFFLON. Aber –

FRAU MUFFLON. Gute Nacht, Muffischatzi.
(Pause.)

HERR MUFFLON. Gute Nacht. *(Pause.)*
Armer Bär.

14 Sag mir, wo die Bären sind

ERSTER. Der Bär macht sich so seine Gedanken.

VIERTER. Er liegt in seiner Höhle und denkt.

ZWEITER. Er denkt und denkt und denkt.

VIERTER. Den ganzen Tag ist er nur noch am Denken.

ERSTER. Auch den nächsten Tag.

VIERTER. Und den übernächsten.

ZWEITER. Der Bär kommt gar nicht mehr raus aus seiner Denkerhöhle.

ERSTER. Er kriegt kaum mit, was um ihn herum passiert.

VIERTER. Der neue Gestreifte, der ihm sein Futter bringt, ist ihm egal.

ZWEITER. Der Schornstein und die Vögel sind ihm egal.

ERSTER. Der Zoobesuch der Gestiefelten am nächsten Morgen ist ihm egaler als egal.

ERSTER, ZWEITER & VIERTER. Der Bär denkt.

BÄR. Vielleicht hat Papa Pavian doch recht und uns geht es hier besser als anderswo.
Vielleicht sollten wir einfach nur zufrieden sein.
Vielleicht geht es uns tatsächlich nichts an, was auf der anderen Seite des Zauns passiert.
Vielleicht stimmt es auch, was das Murmeltiermädchen sagt, und ich brauche nur ruhig abwarten, und dann sehe ich meine Mama und meine Schwester wieder.
Vielleicht gewöhnt man sich mit der Zeit wirklich an alles.
Vielleicht ist auch alles ganz egal.
Vielleicht –
vielleicht –
vielleicht –

ERSTER. So denkt der Bär und merkt plötzlich, dass schon ein anderer aus ihm geworden ist.
VIERTER. Und zum ersten Mal in seinem Leben erschrickt er vor sich selbst.
ZWEITER. Müde schleicht er hinaus in die tiefe Nacht.
Eine summende, brummende Stille liegt über dem Berg.
ERSTER. Der Bär schaut zu den Sternen.
BÄR. Ich sehe da oben keine Bären, Mama.
Dabei würde ich sie so gerne fragen, wo ihr beiden jetzt seid.
Aber da oben sind nur Sterne.
Sterne, Sterne und noch mehr Sterne.
Kein Bär weit und breit.
Kein Bär, der zu mir spricht.
Kein Mamabär.
Kein Schwesterbär.
Der letzte Bär auf der ganzen Welt –
das bin ich.
ZWEITER. Und während jetzt im linken Bärenauge eine dicke, glänzende Träne sichtbar wird und langsam über die pelzige Wange herabzukullern beginnt, bemerkt der Bär ein kurzes Blitzen im Nachthimmel.
Einmal.
Ein zweites Mal.
Und noch einmal.
Dann ist wieder alles wie zuvor.
Der Bär aber lächelt auf einmal.
Er lächelt ein breites Honigkuchenbärengrinsen.
Er kann gar nicht anders.
Denn jetzt weiß er endlich, was zu tun ist.

15 Pelzkorken

ERSTER. Dieser Sonntag beginnt für die Bewohner des Berges wie jeder Sonntag.

VIERTER. Im Zoo gehen die Tiere auf Position.

DRITTER. Keins von ihnen denkt mehr an die verschwundenen Vögel.

ERSTER. Die Gestiefeltenkinder stecken wieder in ihren besten Anziehsachen,

ZWEITER. ihre Vatis und Muttis schlendern ihnen scherzend hinterher in Richtung Zoo.

DRITTER. Nur die Gestreiften auf der anderen Seite des Zauns bleiben heute lieber in ihren hässlichen Häusern.

ZWEITER. Da kommen schon die ersten Gestiefeltenkinder angesprungen.

ERSTER. Sie stürzen sich johlend auf die Bärenburg.

DRITTER. Mit Indianergebrüll umrunden sie das Gehege, wieder und wieder, rum, rum und rundherum.

VIERTER. Wo ist denn der Bär?, fragt der Junge mit dem braunen Hemd und den kurzen Hosen und bleibt stehen.

ERSTER. Ich seh ihn auch nicht, sagt das Mädchen mit den Zöpfen.

ZWEITER. Der liegt bestimmt noch im Bett und schnarcht, beruhigt sie der Junge mit dem Seitenscheitel und nickt zum Höhleneingang hin.

DRITTER. Zwei Gestreifte werden herbeigeholt und in die Bärenburg geschickt.
Mit spitzen Fingern stoßen sie die Klappe zur Höhle auf und schauen ängstlich hinein.

VIERTER. Drinnen ist es kühl und finster und still.
Aber vor allem ist es eins:

DRITTER & VIERTER. leer.

ZWEITER. Und so endet der gemütliche Teil des Tages.

ALLE. Wo ist der Bär?
Vati – Mutti –
unser Bär ist weg –
wo ist –?
Mutti – Vati –
wo ist der Bär?
der Bär –
der Bärbärbär –

VIERTER. Sucht den Bären!

ZWEITER. Die Gestiefelten suchen überall.

ERSTER. Sie durchsuchen den ganzen Zoo, jeden Baum,

DRITTER. jeden Busch,

VIERTER. jedes Erdloch,

ZWEITER. jeden Käfig.

DRITTER. Noch ein Bär darf ihnen auf keinen Fall durch die Lappen gehen. Was sollen denn die Leute denken? Millionen von Gestreiften hinter Schloss und Riegel – aber mit zwei Bären wird man nicht fertig?

ALLE. Nicht mit uns, Bär!

ZWEITER. Wir werden dich finden –

ERSTER. früher oder später –

VIERTER. wir werden dich finden, das steht so fest wie der Schornstein auf der anderen Seite des Zauns –

ZWEITER. und wenn wir dich gefunden haben, dann –

ALLE. dann gute Nacht, kleiner Bär!

ERSTER. Da! da! da!, hört man plötzlich eins von den Gestiefeltenkindern krähen.

ZWEITER. Alle schauen in die Richtung, in die sein zitternder Zeigefinger deutet.

VIERTER. Und in diesem Moment

ZWEITER. hält der ganze Berg

ERSTER. den Atem an.

(Pause.)

DRITTER. Habt ihr schon mal einen Bärenjungen gesehen, der einen Schornstein hochklettert?

Das sieht wirklich drollig aus – zumindest für den, der zuschaut.

ERSTER. Das gibt's ja gar nicht, wie ist der denn da rübergekommen?, fragen sich jetzt alle gleichzeitig, Gestiefelte, Gestreifte und Zoobewohner.

ZWEITER. Später werden die Gestiefelten es herausfinden.

VIERTER. Sie werden den freigebuddelten Tunnel des letzten Bären entdecken, den sie doch so sorgfältig wieder zugeschüttet hatten.

ERSTER. Sie werden die abgeknickte Buche finden, die von außen gegen einen der Wachtürme lehnt.

ZWEITER. Und zuletzt werden sie den Wachmann wachrütteln, der bewusstlos in seinem Wachturm liegt und ihnen, halb irre vor Angst, von einem haarigen Monster berichten wird:

Da – da war ein – ein haariges Monster, das kam von außen den Turm hochgekrabbelt und hat mich mit seiner Riesenpranke k. o. geschlagen!

ERSTER. Aber bis dahin wird noch einiges passieren.

VIERTER. Regungslos vor ungläubigem Staunen stehen sie alle da und schauen dem Bären bei seinem atemberaubenden Kunststück zu.

DRITTER. Zentimeter für Zentimeter zieht der Bär sich den Schornstein hoch.

VIERTER. Die Gestiefeltenkinder glucksen glücklich:

ERSTER. Wie toll, Vati, schau, der Bär!
ZWEITER. Schau nur, Mutti, da: der Bär!
DRITTER. Die Hälfte der Strecke liegt bereits hinter ihm.
VIERTER. Sogar die Wachmänner auf den Türmen sind ganz gerührt:
ERSTER. So ein süßer, kleiner Kletterbär.
ZWEITER. Dass der mal nur nicht abstürzt.
DRITTER. Der Bär spürt die Wärme an seinem Bauch.
Sie fühlt sich gut an.
Sie macht ihn ruhig.
ERSTER. Die Gestreiften glauben noch immer nicht, was sie sehen:
ZWEITER. Wer ist denn so verrückt und kommt freiwillig auf unsere Seite des Zauns?
VIERTER. So verrückt kann doch nicht mal ein Bär sein!
DRITTER. Nur noch wenige Meter bis zur Spitze.
Und dann –
und dann –
tja, und dann?
VIERTER. Hunderte Augenpaare sind auf den Bären gerichtet.
Die Gestiefelten fangen an zu klatschen.
Jeder Zentimeter wird beklatscht.
Lauter und lauter –
Zentimeter für Zentimeter –
Zentimeter für Zentimeter –
Zentimeter für –
MURMELTIERMÄDCHEN. Der Baum! Der Baum! Der Baum!
VIERTER. Das Murmeltiermädchen hüpft nervös auf und ab.

MURMELTIERMÄDCHEN. Der Baum! Der hohle Baum!

PAPA PAVIAN. Was denn für ein hohler Baum?

MURMELTIERMÄDCHEN. Der Schornstein erinnert ihn an den hohlen Baum, in dem er sich versteckt hat, als die Jäger ihn und seine Mama und seine Schwester überfallen haben.

PAPA PAVIAN. Na und?

MURMELTIERMÄDCHEN. Ich weiß auch nicht.
Vielleicht sucht er ja nur einen Ort, wohin er sich verkriechen kann?

PAPA PAVIAN. Verkriechen?
Im Schornstein?
Der wird das Ding total ruinieren – und uns gleich mit!
Dieser verfluchte, egoistische, rücksichtslose Wahnsinnsbär!
Der Schornstein ist den Gestiefelten heilig.
Die werden uns nie glauben, dass wir damit nichts zu tun hatten!
Als Erstes werden sie uns fürchterlich foltern.
Und dann werden sie uns noch fürchterlicher foltern.
Und schließlich, wenn es ihnen langweilig wird, uns zu foltern, werden sie lebende Handschuhe aus uns machen!
Außer aus den Mufflons, die werden gegrillt.

MURMELTIERMÄDCHEN. Nur noch ein bisschen, dann ist er oben.

VIERTER. Jetzt kapieren auch die Gestiefelten, was der Bär im Schilde führt.
Aus Beifall wird Gebrüll.
Aus Gebrüll wird Sirenengeheul.

PAPA PAVIAN. Ihr dämlichen Viecher!

Wenn ihr mit dem Bären zugrunde gehen wollt, bitte schön. Eure Sache.

In Momenten wie diesem ist sich jedes Tier selbst das nächste.

VIERTER. Mit einem Riesensatz springt Papa Pavian von seiner Baumkrone hinunter, einem der Gestiefelten direkt vor die gestiefelten Füße.

PAPA PAVIAN. Lieber Gestiefelter, ich möchte hiermit inständig meine Unschuld beteuern!

Ich habe mit den schändlichen Machenschaften dieser Kreatur da drüben nichts, aber auch gar nichts am Hut.

Bitte verschonen Sie mich und erweisen Sie mir Ihre gnädige Gnade.

VIERTER. Doch das Einzige, was der Gestiefelte sieht, ist ein wilder Affe, der mit irrem Gekreische um ihn herumtobt, wie von der Tarantel gestochen.

Mist, Tollwut, denkt der Gestiefelte, streift sich flink seine schwarzen Lederhandschuhe über, packt den über alle Maßen erstaunten Pavian an der Gurgel, reißt ihm mit einem einzigen kräftigen Ruck das Fell über die Ohren und wirft die zuckenden Überreste achtlos in den Tümpel, wo die Enten sogleich vor Schreck auf Tauchstation gehen.

ZWEITER. Mit eiseskalten Mienen bringen nun die Wachmänner auf den Türmen ihre Maschinengewehre in Anschlag.

ERSTER. Alle Kinder schreien:

ALLE. Nein!

DRITTER. Der Bär aber ist an seinem Ziel.

Völlig erschöpft hockt er auf dem Rand des Schornsteins.

Die Hitze aus dem Ofen sengt ihm das Fell vom Rücken.

Der Gestank vernebelt ihm die Sinne.
Was wollte er noch gleich hier oben?
Der Bär atmet schwer und blickt nach unten:
Er sieht die Gestiefelten schreiend durcheinanderwuseln.
Er sieht die neugierigen Blicke der Gestreiften.
Er sieht seine Kollegen auf der anderen Seite des Zauns mit offenen Schnauzen, Mäulern und Schnäbeln zu ihm herüberstarren.
Und da – winkt ihm da nicht das kleine Murmeltiermädchen zu?

MURMELTIERMÄDCHEN. Huhu!
Huhu, Bär!
Du musst dich ganz schnell verstecken, sonst –

DRITTER. Aber er kann sie schon nicht mehr verstehen, denn genau in diesem Moment hebt rings um ihn herum ein ohrenbetäubendes Rattern und Knattern an, von den Wachtürmen blitzt es grimmig zu ihm herüber, und das Letzte, was der Bär sieht, als er hintenüber in den Schlot kippt, ist der unendliche, sternenlose Sommerhimmel.
(Pause.)

ERSTER. Stellt euch einen Schornstein vor.

ZWEITER. Einen Schornstein vor langer Zeit.

DRITTER. Einen Schwarzweißfotoschornstein.
Stellt euch einen Schwarzweißfotoschornstein vor.

VIERTER. Oben, aus seiner Öffnung, aus der eben noch gräulicher Rauch in den Sommerhimmel emporstieg, schauen zwei kurze Bärenbeine heraus.

ERSTER. Mehr nicht.
Nur diese zwei kurzen, pelzigen, regungslosen Bärenbeine.

DRITTER. Vier Gestiefelte kommen mit einer langen Leiter angerannt.
Sie haben es sehr eilig.
Sie stellen die Leiter an den Schornstein und steigen hastig die Sprossen hinauf.

ZWEITER. Aus dem unteren Teil des Gebäudes dringen schon schwarze Rauchschwaden ins Freie.

VIERTER. Jetzt hört man ein Knirschen und ein Knacken – so knirscht und knackt nur ein Schornstein mit Verstopfung!

ERSTER. Zement bröckelt von seiner Außenwand herab.
Die Gestiefelten können nicht weiterklettern, die Hitze ist viel zu groß.

DRITTER. Oben, entlang den unbeweglichen Bärenbeinen, flackern gierige Flammenzungen, es riecht nach verbranntem Pelz.

ZWEITER. Die Gestiefelten klettern die Leiter eilig wieder herunter, Angstschweiß auf der Stirn.

VIERTER. Das Knirschen und Knacken wird lauter und lauter, immer größere Zementbrocken platzen ab.

ERSTER. Bei den Gestreiften macht sich Feierstimmung breit, hier und da hört man ein Lachen, ein Gebet, ein Lied in fünfzig verschiedenen Sprachen.

ZWEITER. Im letzten Moment erreichen die Gestiefelten den Erdboden.
Sie laufen panisch davon, die Leiter lassen sie stehen.

DRITTER. Und dann passiert es:

ALLE. Der Schornstein stürzt in sich zusammen.

ERSTER. Beinahe elegant.

VIERTER. Ohne viel Lärm.

DRITTER. Fast wie selbstverständlich.

ZWEITER. Es ist, als würde er in die Knie gehen –

VIERTER. als würde er in die Knie gehen mit nur einem einzigen Bein.

ZWEITER. Dann versinkt er mit einem rauen Ächzen in einer gigantischen Wolke aus Feuer und Staub.

DRITTER. Und das war's.

(Pause.)

VIERTER. Als der Staub sich Stunden später allmählich gelegt hat, steht jemand auf der Spitze der Bärenburg und blickt traurig auf die andere Seite des Zauns hinüber.

MURMELTIERMÄDCHEN. Lieber Bär, ich werde dich nie im Leben vergessen.

Ganz bestimmt nicht, komme, was da wolle.

Das schwöre ich.

Das schwöre ich wirklich feierlich.

16 Was das Nashorn sah

Mitten in der Nacht war das Nashorn plötzlich aufgewacht.

Es wusste zunächst nicht weshalb und ärgerte sich ein bisschen, denn es hatte gerade so schön von seiner Heimat geträumt, von wogenden Gräsern im feuchtwarmen Sommerwind.

Benommen klappte es die Augendeckel auf und sah die weißen Flocken, die aus dem Dunkel der Nacht langsam herabschwebten und alles mit einer zarten, glitzernden Schicht bedeckten: die Häuser, den Zaun, den Wald, die leere Bärenburg und das Nashorn selbst, das in seinem Leben noch keine Schneeflocken gesehen hatte.

Und dann war da noch etwas.

Durch die niederschwebenden Flocken hindurch erblickte das Nashorn weit oben im schwarzen Nachthimmel zwei grell funkelnde Wesen.

Ganz gemächlich zogen sie ihre Bahn.

Sie trotteten hintereinander her, das kleine hinter dem großen Wesen, wie eine Mutter mit ihrem Kind.

Aber was für sonderbare Wesen konnten das nur sein?

Das Nashorn kniff seine kleinen Augen zusammen, um besser sehen zu können, aber vergeblich:

Diese Wesen waren ihm gänzlich unbekannt.

Plötzlich kam dem Nashorn ein Gedanke:

Hallo, rief es so laut es konnte, ihr da oben!

Wo wandert ihr denn hin?

Wandert ihr zufällig nach Bengalen?

Das ist meine Heimat, wisst ihr?

Ich möchte so gerne wieder heim nach Bengalen.

Die beiden Wesen blieben stehen.

Schnupperten.

Schauten.

Schnupperten wieder.

Schauten.

Und entdeckten das Nashorn.

Das Nashorn musste beim Anblick der funkelnden Augen schlucken.

Hätte ich mal lieber meine Klappe gehalten, flüsterte es und dachte an Papa Pavian, der sagte ihm das nämlich auch andauernd.

Ein paar Sekunden lang passierte überhaupt nichts.

Dann setzten sich die beiden Wesen in Bewegung – direkt auf das Nashorn zu, das wie gelähmt dastand und schon sehr weiß vom Schnee war.

Tiefer und tiefer stiegen die Wesen aus dem Dunkel der Nacht herab, als wäre da eine unsichtbare Treppe, bis sie endlich den Erdboden erreichten, drüben, auf der anderen Seite des Zauns. Das Nashorn musste nach Luft schnappen, als es die beiden herrlich funkelnden Wesen nur wenige Meter entfernt im Schnee stehen sah.

Das größere von ihnen schnupperte erneut.

Dann schaute es das Nashorn an und fragte mit sehr sanfter Stimme:

Hast du meinen Sohn gesehen?

Seine kleine Schwester und ich suchen ihn schon den ganzen Tag, aber wir können ihn einfach nicht finden.

Das Nashorn wusste nicht so recht, was es sagen sollte.

Deswegen antwortete es:

Nein, tut mir wirklich sehr leid, aber um ehrlich zu

sein, von eurer Sorte habe ich überhaupt noch keinen gesehen.
Als es dies hörte, stieß das große Wesen einen traurigen Seufzer aus.
Das habe ich befürchtet.
Wenn du meinen Sohn doch noch treffen solltest, sag ihm bitte, dass seine Schwester und seine Mutter auf ihn warten.
Das mache ich gerne, sagte das Nashorn, und wo wartet ihr auf ihn?
Er wird uns finden, antwortete die Schwester, er ist schließlich mein Bruder.
Damit drehten sich beide ohne ein weiteres Wort um, stiegen langsam die unsichtbare Treppe wieder empor, bis sie ganz oben am Nachthimmel angekommen waren, und setzten dort ihren Weg fort.
Das Nashorn aber, das ihnen nachschaute, bis sie endgültig in der schwarzen Tiefe der Nacht verschwunden waren, wurde mit einem Male so traurig, so unsagbar traurig über diese einsamen, funkelnden Wesen, die ihren Jungen suchten, traurig über sich selbst, der seine Heimat so sehr vermisste, und traurig über die glitzernde Schönheit dieser Nacht, dass ihm mit einem hellen Klirren das Herz in der gepanzerten Brust zersprang, als wäre es bloß aus dünnem Glas.

So ist das traurige bengalische Nashorn in jener ersten Winternacht gestorben.

17 Warte nur, balde

VIERTER. Und dann ist er da: dieser eine Morgen.

DRITTER. An diesem einen Morgen steht die Sonne strahlend klar am tiefblauen Himmel.

ERSTER. An diesem einen Morgen ist der Berg so bunt und die Luft so frisch wie schon lange nicht mehr.

ZWEITER. An diesem einen Morgen erwachen die Tiere im Zoo von einem Geräusch.

DRITTER. Keins von ihnen hat dieses Geräusch je zuvor gehört.

ZWEITER. Es ist ein tiefes Summen, aber nicht wie das Summen vom Zaun,

ERSTER. mehr ein dumpfes Grollen, wie ein fernes Gewitter, und doch ganz anders,

VIERTER. es kommt gleichzeitig von oben und von vorne und von hinten und von überall her.

ERSTER. Die Enten stecken schnell ihre Köpfe ins Wasser.

ZWEITER. Die Paviankinder rücken auf der Baumkrone eng an ihre Mutter.

DRITTER. Madamm und Mössiö blicken einander tief in die Augen.

ERSTER. Herr Mufflon ist der erste, der sie sieht.

HERR MUFFLON. Da, schaut,

ZWEITER. ruft er,

ERSTER. und seine Schnauze kräuselt sich zu einem Lächeln,

HERR MUFFLON. schaut nur dort – die Vögel kommen zurück!

DRITTER. Jetzt blicken sie alle nach oben, und tatsächlich, da sind sie.

VIERTER. Dutzende von Vögeln, ganz weit oben im wolkenlosen Himmel, in drei gleichmäßigen Reihen,

ZWEITER. sie schweben mehr, als dass sie fliegen,

ERSTER. im Gegenlicht sieht man nur ihre Umrisse.

MÖSSIÖ. Wie majestätisch sie durch die Luft gleiten,

DRITTER. findet Mössiö,

MÖSSIÖ. so erhaben – fast wie wir, ma chérie, findest du nicht?

ERSTER. Ganz überwältigt von diesem herrlichen Anblick fallen sich die Tiere um den Hals, Freudentränen in den Augen, denn dass die Vögel wieder da sind, das ist doch ein Zeichen für irgendwas Gutes und Richtiges, nicht wahr?

ALLE. Nicht wahr?

MURMELTIERMÄDCHEN. Das haben wir alles nur dem Bären zu verdanken.

ZWEITER. Und als Madamm zu Mössiö sagt:

MADAMM. Sieh nur, mon chéri, jetzt lassen sie etwas fallen, die Vögel haben uns Geschenke mitgebracht,

ZWEITER. und als alle Tiere voller Vorfreude

ALLE. Geschenke! Geschenke!

ZWEITER. rufen,

DRITTER. ist das Ende bereits zum Greifen nah.

VIERTER. Ein schrilles, pfeifendes Sirren durchschneidet plötzlich die Luft,

ERSTER. und nur drei Sekunden später schlagen die ersten Bomben mit fürchterlichem Lärm direkt neben der Bärenburg ein.

18 Es war einmal

ERSTER. Stellt euch einen Zoo vor.

ZWEITER. Einen Zoo vor vielen Jahren.

DRITTER. Einen Schwarzweißfotozoo. Stellt euch einen Schwarzweißfotozoo vor.

VIERTER. Keinen sehr großen Schwarzweißfotozoo,

ZWEITER. eher einen ziemlich mickrigen Schwarzweißfotozoo,

ERSTER. eher einen Eigentlich-nicht-der-Rede-wert-Schwarzweißfotozoo,

DRITTER. eher einen Wär-da-kein-Zaun-drum-wär's-ein-Wald-und-gar-kein-Zoo-Schwarzweißfotozoo.

ZWEITER. Ein paar Rehe, ein Hirsch,

VIERTER. zwei Mufflons, Wildschweine, Eichhörnchen,

ERSTER. eine Entenfamilie, die auf einem kleinen Tümpel dümpelte, Tümpeltür an Tümpeltür mit dem Ehepaar Schwan, stolzen australischen Importvögeln, die allerdings lieber Franzosen gewesen wären und sich deshalb mit *Madamm* und *Mössiö* anreden ließen,

ZWEITER. pechschwarz das Gefieder, die Schnäbel hagebuttenrot:

DRITTER. *cygni atrati.* Trauerschwäne.

VIERTER. Da hinten in der Buche lauste sich eine südafrikanische Pavianfamilie, gähnte um die Wette und ließ den Blick dösig in die weite Ferne schweifen.

ZWEITER. Der Zoo stand auf einem Berg.

ERSTER. Bombastischer Ausblick – selbst in Schwarzweißfotoschwarzweiß.

VIERTER. Um den Zoo herum lebten Menschen, tausende, mal ein paar mehr, mal ein paar weniger –

DRITTER. zurzeit eher weniger als mehr –

ZWEITER. in einer Stadt, die allerdings nur aussah wie eine Stadt.

ENDE

Anmerkungen

6,9 *Selma Meerbaum:* Selma Meerbaum (1924–1942) war eine rumänische deutschsprachige Dichterin mit jüdischen Eltern, die schon während der Schulzeit mit ersten lyrischen Versuchen begann, diese sind aber erst ab 1939 erhalten. 1941 musste sie in einem Getto in ihrer Heimatstadt Czernowitz leben, 1942 wurde sie in das von der deutschen SS verwaltete Zwangsarbeitslager Michailowka am Ostufer des Bug verschleppt und musste unter schlimmsten Bedingungen hart arbeiten. Sie starb völlig erschöpft, an Fleckfieber leidend, am 16. Dezember 1942. Ihre 57 erhaltenen Gedichte gelangten auf abenteuerlichen Wegen nach Israel. Einer breiteren Öffentlichkeit wurden sie aber erst 1980 bekannt.

6,17 *Udo Dietmar:* Der Name Udo Dietmar ist ein Pseudonym. Es handelt sich dabei um Walter Paul (?–1974), einen kommunistischen Widerstandskämpfer. 1934 wurde er erstmalig verhaftet und in das Straflager Emsländer Moor verbracht, später jedoch wieder entlassen. Nach seiner erneuten Verhaftung 1940 war er im Polizeigefängnis Köln inhaftiert, bis er 1943 in das Konzentrationslager Natzweiler deportiert wurde. Hier fungierte er als Kapo im Arbeitskommando Steinbruch. 1944 wurde er schließlich in das KZ Dachau überstellt, 1944 nach Buchenwald (Außen- und Stammlager), wo er bis zur Befreiung blieb. Er verstarb in Gelsenkirchen.

6,18 *Konzentrationslager Buchenwald:* Das KZ Buchenwald wurde 1937 auf dem Ettersberg bei Weimar errichtet. Es diente zunächst der Inhaftierung politischer Gegner der Nationalsozialisten (Sozialdemokraten, Kommunisten), doch bereits 1938 gelangten Tausende Juden (v.a. nach den November-Pogromen) und Hunderte Sinti und Roma in das Lager. Nach dem Kriegsbeginn wurden aus über 50 Ländern Häftlinge hierhin und in zahlreiche Neben- und Außenlager verschleppt. Insgesamt wurden in Buchenwald 277 800 Menschen gefangen gehalten und größtenteils zur Zwangsarbeit herangezogen, 56 000 von ihnen wurden umgebracht oder fielen den entsetzlichen Lagerbedingungen zum Opfer.[1]

1 Zahlenangaben nach der Gedenkstätte Buchenwald, vgl. www.bu

7,4 *Karl Koch:* Karl Otto Koch (1897–1945) war nicht nur der erste Kommandant des Konzentrationslagers Buchenwald, sondern leitete auch andere KZs. Er war äußerst brutal, aber auch überaus korrupt, weswegen er von der SS angeklagt und schließlich zum Tode verurteilt wurde. Man richtete ihn 1945 in Buchenwald hin.

7,18 *Trauerschwäne:* Die ursprünglich aus Australien stammenden Schwäne sind anders als ihre Artgenossen fast komplett schwarz und besitzen auch den längsten Hals aller Schwäne.

7,20 f. *Reichsmarschall Hermann Göring:* Hermann Göring (1893–1946) war eine Schlüsselfigur im nationalsozialistischen Deutschland und bekleidete zahlreiche Ämter, darunter das des Chefs der Deutschen Luftwaffe. Er war u. a. für die Gründung der Geheimen Staatspolizei (Gestapo) und die ersten Konzentrationslager verantwortlich. Göring verlor im Krieg trotz seiner vielen Posten zunehmend an Einfluss. Nach dem Krieg wurde er von den Alliierten im Nürnberger Hauptkriegsverbrecherprozess angeklagt. Dem gegen ihn verhängten Todesurteil entzog er sich durch Suizid am Vorabend der geplanten Hinrichtung.

7,23 *Eugen Kogon:* Eugen Kogon (1903–1987) war ein (jüdischer) Gegner der Nationalsozialisten und wurde 1939 in das KZ Buchenwald verschleppt, in dem er bis zur Befreiung 1945 inhaftiert war. Nach dem Krieg fasste Kogon seine eigenen Beobachtungen in Buchenwald in seinem Werk *Der SS-Staat – Das System der deutschen Konzentrationslager* zusammen, das aber auch eine soziologische Darstellung der gesamten Welt der Konzentrationslager war. Kogon wurde 1951 Professor für Politikwissenschaften in Darmstadt.

8,1 *Karl Barthel:* Karl Barthel (1907–1974) war ein deutscher Politiker, der während der Weimarer Republik für die Kommunistische Partei im Reichstag saß. Als Gegner der Nationalsozialisten wurde er nach seiner Verurteilung 1934 in das KZ Buchenwald überstellt. Nach dem Krieg publizierte er seinen Bericht über den KZ-Aufenthalt unter dem Titel *Die Welt ohne Erbarmen. Bilder und Skizzen aus dem K.Z.*

chenwald.de/geschichte/chronologie/konzentrationslager/Zahlen-und-Fakten (Stand: 4.9.2023).

8,6 *Bauchtyphus:* Die Infektionskrankheit löst u.a. hohes Fieber, Flecken auf dem Oberkörper und starken Durchfall aus. Unter den Bedingungen eines Konzentrationslagers führte sie unbehandelt oft zum Tod.

Ruhr: Die bakteriell ausgelöste Ruhr führt u.a. zu blutigem Durchfall, Erbrechen und Fieber. Auch diese Krankheit verlief unter den Bedingungen in Buchenwald häufig tödlich.

8,13 *Kurt Dittmar:* Kurt Dittmar (1892–?) war ein Dekorationsmaler, der als politischer Häftling in Buchenwald inhaftiert war. Er wurde im Oktober 1942 in das KZ Dachau weiter deportiert.

8,15 *Arthur Rödl:* Arthur Rödl (1898–1945) tat nicht nur im KZ Buchenwald Dienst, sondern war von 1941 bis 1942 auch Kommandant des KZ Groß-Rosen. Danach war er u.a. in der Ukraine eingesetzt und auch dort an zahlreichen Verbrechen beteiligt. In den letzten Kriegstagen nahm er sich selbst das Leben, um nicht den Alliierten in die Hände zu fallen. In Buchenwald war Rödl besonders berüchtigt, da er Häftlingen befahl, ein Buchenwaldlied zu komponieren, das immer bei den Appellen gesungen werden musste.[2]

8,19 *Jorge Semprún:* Jorge Semprún (1923–2011) war ein spanischer Schriftsteller und Politiker (Kulturminister in Spanien 1988–91). Als Widerstandskämpfer wurde er 1944 nach Buchenwald verschleppt, wo er Mitglied des kommunistischen Lagerwiderstandes wurde. Zu seinen berühmtesten Werken, die er nach 1945 über seine Erfahrungen vorlegte, gehören *Die große Reise* (1963) und *Was für ein schöner Sonntag!* (1980).

8,24 *Hans Berke:* Hans Berke (1906–?) gehörte zu den allerersten Häftlingen im KZ Buchenwald, die auch am Aufbau des Lagers mitwirken mussten. Im Jahr 1939 wurde er in das KZ Flossenbürg weiter verschleppt, im Mai desselben Jahres kurzzeitig entlassen, aber 1940 erneut verhaftet. Nach dem Krieg schilderte er seine Leidenszeit in dem Werk *Buchenwald. Eine Erinnerung an Mörder* (1946).

9,8 *Artwin:* Über Artwin Koch (1938–1967), den Sohn des KZ-Kom-

2 Eine Version des Liedes findet sich unter www.buchenwald.de/en/geschichte/mediathek/audio/buchenwaldlied (Stand: 4.9.2023).

mandanten Karl Koch und seiner berüchtigten Ehefrau Ilse (1906–1967), ist nur wenig bekannt. Aber einige Bilder von ihm als Kind gibt es: Zwischen 1938 und 1941 fertigten Häftlinge für ihn ein umfangreiches Fotoalbum an, das das Leben seiner Familie in Buchenwald dokumentiert. Es ist heute auf der Homepage der Gedenkstätte abrufbar. Wie seine Mutter beendete auch Artwin Koch 1967 sein Leben selbst.

11,14 *Mufflons:* Wildschafe, deren männliche Vertreter oft beeindruckende Hörner tragen.

11,26 *Berg:* Geht man davon aus, dass sich das Drama auf das KZ Buchenwald bezieht, wie es der Autor in seinem Vorwort »Zum Hintergrund« nahelegt, handelt es sich bei diesem Berg um den Ettersberg, der zu den Lieblingsorten des in Weimar lebenden Dichters Johann Wolfgang von Goethe (1749–1832) gehörte. Ausgerechnet hier errichteten die NS-Behörden das KZ Buchenwald.

13,17 *Bengalen:* Bengalen ist eine Region, die heute zu Indien und Bangladesch gehört.

18,7 *Permafrosts:* Permafrost bezeichnet einen Dauerfrostboden.

18,7 f. *Tundra und Taiga:* Die Tundra (Kältesteppe) ist eine Landschaft, die über die gesamte Erdkugel reicht und in der nicht zuletzt wegen des Permafrosts keine Bäume wachsen. Die Taiga dagegen ist die weltumspannende nördlichste Waldform der Erde. Unter anderem in Sibirien treffen beide Landschaftstypen aufeinander.

21,21 *Gestreift wie Zebras:* Die Äußerung bezieht sich auf die Kleidung der KZ-Häftlinge, die in der Regel gestreift war. Die Gefangenen hatten einen Sommer- und einen etwas dickeren Winteranzug, der jedoch kaum gegen die bittere Kälte schützte.

22,30 *Schornstein:* Gemeint ist hier der Schornstein des Krematoriums, in dem die ermordeten, an Krankheit oder Hunger verstorbenen Häftlinge verbrannt wurden.

24,14 *Die Gestiefelten:* Auffällig an den SS-Wachmannschaften war für viele Häftlinge, die oft nur Holzpantinen anhaben durften, dass die SS-Männer Reiterstiefel zur Uniform trugen.

25,14 f. *mit zusammengeschnürten Daumen:* Hier wird die fürchterliche Foltermethode des »Pfahlhängens« beschrieben, bei der dem Opfer die Hände hinter dem Rücken zusammengebunden werden.

Danach wird es an den Händen an einem Baum oder Ähnlichem aufgehängt.

26,5 *Nur die Harten bleiben im Garten:* Leicht abgewandelte Redensart (eigentlich »... kommen in den Garten«), die bedeutet, dass nur diejenigen belohnt werden, die hart für/um etwas kämpfen bzw. etwas aushalten können. Hier doppeldeutig, da der (Tier-)Garten auch ganz konkret gemeint ist. Die Redensart ist eigentlich sehr modern und erst ab den 2000er-Jahren üblich.

28,7 *Elite-Zoo:* Damit spielt das Murmeltiermädchen darauf an, dass sich die Angehörigen der SS (im Drama: die Gestiefelten) selbst als eine Elite-Truppe verstanden.

29,17 f. *von Kopf bis Fuß auf Honig eingestellt:* Anspielung auf das Lied *Ich bin von Kopf bis Fuß auf Liebe eingestellt*, das Friedrich Hollaender (1896–1976) für den Film *Der blaue Engel* (1930) schrieb. Es wurde von Marlene Dietrich (1901–1992) gesungen und weltberühmt als Lied einer verführerischen Frau, die ohne Rücksicht Männer zerstört.

31,5 f. *Stadt unten am Fuße des Berges:* Nimmt man an, dass sich das Drama auf das historische KZ Buchenwald bezieht, handelt es sich bei dieser Stadt um Weimar.

32,26 *mit braunem Hemd und kurzen Hosen:* Beschrieben wird hier die Uniform der Hitler-Jugend, einer Organisation, bei der ab 1939 alle junge Menschen zwischen 10 und 18 Jahren Mitglied sein mussten. Sie wurden dort auf den Staat und seine Ideologie eingeschworen, vormilitärisch ausgebildet und zu absolutem Gehorsam erzogen.

33,16 *gelben Stoffstern:* In den Konzentrationslagern gab es verschiedene Häftlingsgruppen (Juden, politische Häftlinge etc.). Dabei muss man beachten, dass die Häftlingsgruppen von den Tätern (der SS) gebildet wurden und nicht dem entsprachen, wie sich die Häftlinge selbst sahen. Die Gefangenen wurden mit so genannten Winkeln (Dreiecken) in unterschiedlichen Farben gekennzeichnet, damit sie als Teil ihrer Häftlingsgruppe jederzeit identifizierbar waren. Jüdische Gefangene erhielten zwei Winkel, die übereinandergelegt wurden und so einen Stern ergaben. Mindestens einer der Winkel war gelb.

Nummer 134785: Zur weiteren Kennzeichnung erhielten die Häftlinge eines Konzentrationslagers noch eine individuelle Nummer, die nach der Einlieferung in das Lager ihren Namen ersetzte. Diese Nummer war auf der gestreiften Kleidung angebracht; nur im Konzentrationslager Auschwitz wurde sie den Häftlingen auch auf den Arm, die Brust oder das Bein tätowiert. Die hier angegebene Nummer wurde tatsächlich im KZ Buchenwald zweimal vergeben, beide Male jedoch zu einem Zeitpunkt, als der Tiergarten in Buchenwald schon nicht mehr bestand. Hier ist die Nummer deshalb auch nur symbolisch zu verstehen und bezieht sich nicht auf einen konkreten realen Häftling.

40,6 f. *großer Bär ... kleinerer Bär:* Gemeint sind zwei Sternbilder am Nordhimmel, die in Europa das ganze Jahr über nachts zu sehen sind. Sie heißen auch großer und kleiner Wagen.

52,24 *Jedem das Seine:* Die Redewendung stammt eigentlich aus der Antike und bedeutete in der damaligen Philosophie, dass jeder Bürger seinen gerechten Anteil bekommt. Es war also ein positives Prinzip. Der Spruch zierte aber auch das Lagertor des Konzentrationslagers Buchenwald und sollte die Häftlinge verhöhnen sowie für sie bedeuten: Jeder bekommt, was er verdient.

55,1 *Problembär:* Der Ausdruck wird üblicherweise für frei lebende Bären verwendet, die ein für Menschen unerwünschtes Verhalten aufweisen (etwa Nutztiere oder Personen angreifen). Populär wurde der Ausdruck in Deutschland erst 2006, als mit dem »Problembären Bruno« erstmals seit 170 Jahren wieder ein Bär in Deutschland gesichtet wurde.

55,6 f. *Ein Schornstein ... ist ein Schornstein:* Anspielung auf das Gedicht *Sacred Emily* (1913) von Gertrude Stein (1874–1946), in dem es die berühmte Zeile gibt »a rose is a rose is a rose«. Interpretiert wird diese gemeinhin als Aussage, dass etwas eben so ist, wie es erscheint. Papa Pavian meint hier also (fälschlicherweise): Es ist eben nur ein Schornstein (und kein Symbol für den massenhaften Tod der Häftlinge).

59,1 *Sag mir, wo die Bären sind:* Anspielung auf das ursprünglich englischsprachige Antikriegslied »Sag mir, wo die Blumen sind« (Originaltitel: »Where Have All the Flowers Gone«), das 1962 in der Version von Marlene Dietrich weltbekannt wurde.

73,1 *Warte nur, balde:* Zitat aus einem der berühmtesten Gedichte Johann Wolfgang von Goethes (1780): »Über allen Gipfeln / Ist Ruh, / In allen Wipfeln / Spürest du / Kaum einen Hauch; / Die Vögelein schweigen im Walde. / Warte nur! Balde / Ruhest du auch.«

Unterrichtsanregungen[1]

Auch wenn in dem Drama keine expliziten Beschreibungen des Lageralltags in Buchenwald erfolgen, enthält das Stück Passagen, die für jüngere Zuschauerinnen und Zuschauer, Leserinnen und Leser sicher nicht ganz einfach zu verkraften sind: Ein junger Häftling wird von einem anderen Kind ermordet, in einer Traumsequenz wird über verbrannte Kinder berichtet und insgesamt soll natürlich das – wenn in jungem Alter auch rudimentäre – Wissen über ein Konzentrationslager aktiviert werden. Die Leerstellen, die *Was das Nashorn sah ...* bewusst lässt, müssen im Unterricht nicht genau gefüllt werden, doch eine grundlegende Vorstellung davon, was ein KZ ist und wer die ›Gestiefelten‹ und die ›Gestreiften‹ sind, ist unerlässlich, um die Botschaft des Stückes (vgl. dazu das Nachwort in diesem Band) zu verstehen.[2] Natürlich kann und soll der Deutschunterricht, in dem eine Auseinandersetzung mit dem vorliegenden Drama in der Regel stattfinden wird, nicht die historischen Grundlagen legen, die erst ab der 9. Klasse durch den Geschichtsunterricht erarbeitet werden. Dennoch sollten

1 Die nachstehenden Unterrichtsentwürfe sind in intensiver Diskussion mit meiner Mitarbeiterin Jennifer Ehrhardt entstanden, der ich sehr herzlich danke!

2 Ließe man diese zumindest basalen Informationen weg, würde man gewissermaßen jenes Wegsehen im Unterricht praktizieren, das das Stück kritisiert. Gleichzeitig ist klar, dass diese – vermutliche – Erstbegegnung der Schülerinnen und Schüler mit dem Holocaust und der Lagergeschichte von Buchenwald nicht zuletzt angesichts des Alters (empfohlen ist der Einsatz des Dramas frühestens ab der 7. Klasse) keine Traumatisierungen oder Überforderungen generieren soll.

Deutschlehrerinnen und Deutschlehrer eine kleine Einheit zum historischen Hintergrund möglichst früh in die Unterrichtsreihe einbeziehen. Dafür stehen viele geeignete Medien zur Verfügung, auch online, etwa von *Planet Wissen*, einem Portal von alpha, SWR und WDR.[3] Als hervorragende Ressource erweist sich auch die Website der Gedenkstätte Buchenwald selbst, wobei die dortigen Informationen und Materialien sicher für jüngere Schülerinnen und Schüler angepasst werden müssen.[4]

Danach kann die Arbeit mit dem Dramentext beginnen.[5] Die nachstehenden Aufgaben müssen natürlich nicht alle nacheinander abgearbeitet werden, sie sind vielmehr als Pool gedacht, aus dem geeignete und zur Lerngruppe passende Arbeitsaufträge ausgewählt werden können.

Modul 1: Vor der Lektüre

Hier können Vorerwartungen geklärt werden, die nach einer historischen Hinführung (sofern diese vor diesem Modul erfolgt ist), sicher schon auf Buchenwald bezogen werden. Der historische Hintergrund kann aber auch erst nach einem Großteil dieses ersten Moduls (vor Aufgabe

3 Vgl. www.planet-wissen.de/geschichte/nationalsozialismus/index.html (Stand: 4.9.2023).

4 Vgl. www.buchenwald.de (Stand: 4.9.2023).

5 Sollte der Besuch einer Inszenierung möglich sein, gibt es bereits umfangreiches theaterpädagogisches Material des Bieler Jugendtheaters La Grenouille, das sich leicht an Inszenierungen anderer Theater anpassen lässt: https://lagrenouille.ch/productions/nashorn/ (Stand: 4.9.2023).

5b) entwickelt werden. Als Arbeitsaufträge sind hier denkbar:

1. Schaut Euch in Kleingruppen (max. vier Schülerinnen und Schüler) den (ungewöhnlich) langen Titel des Dramas an und diskutiert, worum es in dem Stück gehen könnte. Ernennt jeweils eine Gruppensprecherin oder einen Gruppensprecher und tragt Eure Ergebnisse im Anschluss in der Klasse zusammen und diskutiert sie.
2. Findet Euch in Zweiergruppen zusammen und diskutiert zunächst die folgende Frage: Was sehen Zootiere eigentlich, wenn sie aus ihrem Gehege schauen? Versucht danach Eure Ergebnisse entweder zu zeichnen oder mit Hilfe von Bildern aus dem Internet in einer Collage darzustellen. Präsentiert anschließend Eure Ergebnisse in der Klasse, um sie gemeinsam zu besprechen.
3. Zoos sind durchaus umstritten: Die Tierschutzorganisation PETA kämpft zum Beispiel seit Jahren gegen Zoos, andere – v.a. natürlich die Zoos selbst – verteidigen die Einrichtung. Die ZDF-Kindernachrichtensendung *Logo!* hat einige Pro- und Contra-Argumente zusammengestellt: www.zdf.de/kinder/logo/zoos-pro-contra-100.html. Lies Dir die Informationen gut durch, mache Dir Notizen zu den vorgebrachten Argumenten, ergänze die Liste gegebenenfalls um weitere Punkte und bilde Dir schließlich eine eigene Meinung. Verfasse einen kurzen Beitrag mit Deiner Auffassung und stelle ihn auf der Website zur Diskussion!
4. Vor dem eigentlichen Dramentext hat Jens Raschke vier Tiere besonders erwähnt, die von den Schauspielern verkörpert werden sollen: Murmeltier(mädchen), (Papa) Pavian, Bär und (Herr) Mufflon. Informiere Dich in ei-

nem Lexikon oder im Internet, welche Merkmale und Eigenschaften diese Tiere in der Natur besonders auszeichnen.

5. Der Spielhandlung sind zwei Zitate vorangestellt: Ein Auszug aus einem Gedicht von Selma Meerbaum und ein Auszug aus dem Erinnerungsbericht von Udo Dietmar.[6]

   a) Besprecht in Kleingruppen (max. vier Schülerinnen und Schüler) zunächst gemeinsam das Gedicht von Selma Meerbaum: Was genau drückt es aus? Wie würdet Ihr es vortragen und betonen? Würdet Ihr Gesten beim Vortrag einsetzen oder ›nur‹ ablesen? Wählt ein Mitglied Eurer Gruppe aus, das das Gedicht vortragen soll und coacht ihn/sie so lange, bis Ihr eine Version erarbeitet habt, die Euch allen gefällt. Zeichnet den Vortrag des Gedichts anschließend auf (z. B. mit dem Tablet) und stellt die Videodatei in Eurer Schul-Cloud (oder Ähnlichem) allen Schülerinnen und Schülern der Klasse zur Verfügung. Schaut Euch in Eurer Vierergruppe alle Videos an und wählt jenes aus, das Euch – neben dem eigenen – am besten gefällt. Die beiden Videos mit den meisten Stimmen schauen sich dann alle noch einmal im Klassenverband an und diskutieren, was an ihnen besonders gelungen ist und warum (und ggf. auch das, was Eurer Meinung nach weniger gelungen ist).

   b) Diskutiert in Partnerarbeit das kurze Zitat aus Udo Dietmars Erinnerungsbericht *Häftling … X … in der Hölle auf Erden* (1946): Warum fühlt er sich an Zootiere

6 Für Informationen zu den Autorinnen und Autoren siehe die Anmerkungen in diesem Band.

erinnert, wenn die Einwohner ihn und die anderen Häftlinge betrachten? Was ist an der Einschätzung des Jungen »Das sind Verbrecher aus Buchenwald« falsch? Warum sagt er so etwas wohl? Notiert Eure Ergebnisse und diskutiert sie anschließend in der Klasse.

Modul 2 (nach oder während der Lektüre): Die Figuren

In diesem Modul sollen die Schülerinnen und Schüler lernen, Figurencharakterisierungen genau wahrzunehmen. Entsprechende Arbeitsaufträge könnten wie folgt aussehen:

1. Bringe einen Gegenstand von zu Hause mit, der für Dich mit einer konkreten Figur des Dramas in Verbindung steht. Das kann alles Mögliche sein, wichtig ist nur, dass Du die Verbindung von Gegenstand und Figur genau erläutern kannst. Stellt Eure Gegenstände anschließend im Klassenverband vor.
2. Über eine Figur in einem Drama (oder auch in einem Roman) erhält man Informationen aus unterschiedlichen Quellen, die auch nicht alle gleichermaßen zuverlässig sind. Zum einen macht der Autor in den sogenannten Nebentexten (Regieanweisungen etc.) Angaben zu einzelnen Figuren, die als verlässlich anzusehen sind; dazu gehören etwa Hinweise zu den Kostümen, zu Gesten oder zur Mimik. Zum anderen geben die Figuren über sich selbst Auskunft: Sie sagen, wie sie sich sehen, wie sie fühlen usw. – oder urteilen über andere Figuren. Diese Aussagen sind oft mit Vorsicht zu genießen, denn wie im wirklichen Leben sind Selbst- und Fremdbilder nicht

objektiv, sondern oft durch Gefühle, Absichten oder Ähnliches verzerrt. Auch im Verhalten sind dramatische Figuren (wie echte Menschen) nicht selten widersprüchlich. Die nachstehende Grafik hilft Dir zu verstehen, welche Angaben man zu Figuren in einem Text sammeln und betrachten kann. Es ist außerdem wichtig zu beachten, dass sich eine Figur im Laufe eines Dramas natürlich entwickeln und verändern kann. Deshalb ist es notwendig, dass man sich immer klarmacht, zu welchem Zeitpunkt man sie charakterisiert (zu Beginn des Stückes, währenddessen, zum Schluss). Wenn Du Dir die Grafik auf Seite 90 gut angeschaut hast, erstelle von einer Figur Deiner Wahl einen Steckbrief, in dem Du alle relevanten Informationen zusammenträgst, mit aussagekräftigen Textstellen belegst und – wo nötig – auch bewertest. Hängt Eure Steckbriefe danach in der Klasse auf, schaut sie Euch in Ruhe an und besprecht die Figuren und die dazugehörigen Steckbriefe im Klassenverband.

3. Stellt Euch vor, Ihr würdet das Drama gemeinsam aufführen. Überlegt Euch in Kleingruppen (max. drei Schülerinnen und Schüler), welche Kostüme und Requisiten Ihr für Bär und Murmeltiermädchen auswählen oder erstellen würdet. Bedenkt dabei auch, welche Rolle die realen Vorbilder und ihre Eigenschaften bzw. ihr Aussehen spielen können (vgl. dazu Aufgabe 4 in Modul 1). Ihr könnt die Ausstattung beschreiben, zeichnen oder als Collage aus Bildern bzw. Bildausschnitten zusammensetzen. Wählt eine Person aus eurer Gruppe, die Eure Ausstattungsideen vor der Klasse präsentiert. Rückfragen Eurer Mitschülerinnen und Mitschüler solltet Ihr aber gemeinsam als Gruppe beantworten. Wenn Ihr

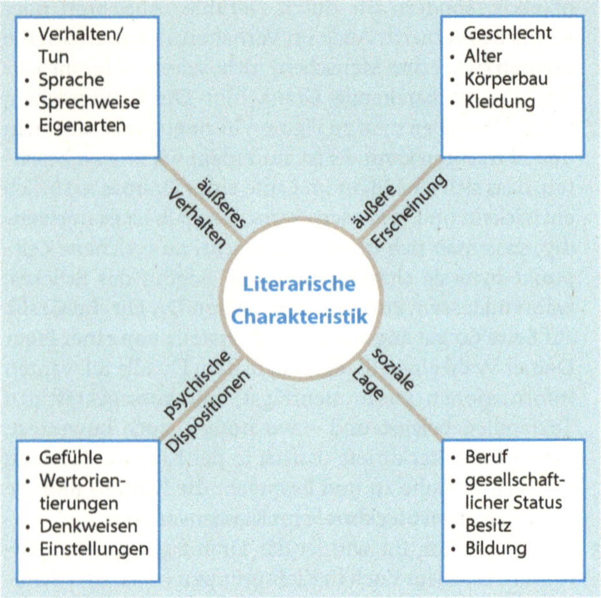

Abb. 1: Die vier Inhaltsebenen der literarischen Figurencharakteristik. – Grafik: Gert Egle / www.teachsam.de / CC-BY-SA 4.0

wollt, könnt Ihr im Anschluss noch über die besten Kostümideen abstimmen und sie prämieren.

4. Findet Euch in Gruppen von sechs Schülerinnen und Schülern zusammen. Ihr sollt nun in einem Standbild festhalten, wie die Figuren zueinander stehen – und zwar kurz bevor der Bär das Gehege verlässt und den

Schornstein erklimmt. Je näher zwei Figuren beieinander sind, desto mehr mögen und verstehen sie sich.
a) Diskutiert: Wie würdet Ihr Bär, Papa Pavian, Murmeltiermädchen, Frau oder Herrn Mufflon und Madamm oder Mössiö (jeweils nur eine der beiden Figuren) im Raum verteilen? Überlegt gemeinsam und einigt Euch auf eine endgültige Positionierung.
b) Verteilt nun die Rollen, so dass jedes Mitglied Eurer Gruppe eine Tierfigur im Standbild verkörpert. Macht Euch Gedanken darüber, was Eure Figur jeweils in diesem Moment denken und fühlen könnte: Wie denkt sie über die anderen Figuren? Was würde sie als nächstes tun wollen und warum? Wovon träumt sie? Wenn Ihr Euer Standbild im Klassenverband vorstellt, wird Euch eine Person aus einer anderen Gruppe nacheinander auf die Schulter tippen. Wenn Du angetippt wurdest, drückst Du Deine Gedanken und Gefühle aus der Sicht Deiner Figur aus. Eure Mitschülerinnen und Mitschüler können auch Rückfragen an Euch stellen.

5. Findet Euch in Zweiergruppen zusammen und beschäftigt Euch mit einer Figur Eurer Wahl. Sucht Euch drei Stellen aus dem Drama aus und diskutiert, wie man die Figur jeweils in einem spezifischen Moment einfrieren könnte. Einigt Euch auf drei ›Eisbilder‹ und führt sie anschließend der Klasse vor. Eure Mitschülerinnen und Mitschüler müssen nun jeweils (begründet!) erraten, um welche Figur und welchen Moment im Stück es sich handeln könnte. Die Person mit den meisten richtigen Antworten gewinnt die ›Eischallenge‹.
6. In dem Theaterstück treten nicht nur die Zootiere, sondern auch vier nicht näher charakterisierte Figuren auf,

die als Erster, Zweiter, Dritter und Vierter bezeichnet werden. Stellt in Partnerarbeit Vermutungen darüber an, welche Funktion(en) diese Figuren im und für das Stück erfüllen. Schaut Euch dafür an, wann und wie sie in der Handlung vorkommen und mit (oder zu) wem sie sprechen – und mit wem nicht. Teilt Eure Ideen anschließend mit der gesamten Klasse.

Modul 3: Die Bühne / die Inszenierung

In diesem Modul sollen die Schülerinnen und Schüler erkennen, dass die Bühnengestaltung ein wesentliches Element einer Theateraufführung ist und dass in dieser bereits eine Menge Interpretation steckt. Sie sollen auch selbst szenisch interpretieren und einen Ausschnitt als Hörspiel inszenieren. Entsprechende Arbeitsaufträge könnten lauten:

1. Über Internet-Suchmaschinen (etwa Google) lassen sich zahlreiche Kurzvideos finden, die während einer der vielen Inszenierungen von *Was das Nashorn sah ...* gemacht wurden bzw. für sie werben (sogenannte Trailer). Die Filme lassen dabei oft einen Blick auf das jeweilige Bühnenbild zu. Lasst Euch von diesen Bühnenbildern inspirieren und entwerft dann in Zweiergruppen ein eigenes Bühnenbild: Was würdet Ihr dort zeigen? Gäbe es bewegliche Elemente (Drehbühne etc.)? Mit welchen Textauszügen könntet Ihr Eure Entscheidungen begründen? Die Ideen für Euer Bühnenbild könnt Ihr zeichnen, als Collage darstellen oder in einem Text beschreiben. Stellt später Eure Entwürfe im Klassenverband vor und diskutiert deren Vor- und Nachteile.

2. Findet Euch in Gruppen (max. 7 Schülerinnen und Schüler) zusammen und wählt eine Szene aus dem Stück aus, die Euch besonders wichtig erscheint. Anschließend sollt Ihr den ausgewählten Abschnitt selbst als Hörspiel inszenieren. Überlegt Euch, wie Ihr die Rollen aufteilt, wie die Dialoge gesprochen werden müssen und welche Geräusche oder Musik Ihr vielleicht noch braucht. Hinweise, wie man ein eigenes Hörspiel produziert, findet Ihr unter: www.ndr.de/kultur/hoerspiel/hoerspiel_in_der_schule/Hoerspiel-zum-Selbermachen,hoerspielinderschule892.html.

Modul 4: Hinsehen – Wegsehen (Zivilcourage)

1. Auf der Internetseite der Gedenkstätte Buchenwald gibt es Informationen über den Zoologischen Garten, darunter sind zahlreiche Fotos, die die SS auch zu Werbezwecken anfertigen ließ. Schaut Euch diese Bilder genau an: www.buchenwald.de/geschichte/historischer-ort/konzentrationslager/zoologischer-garten. Diskutiert anschließend in Partnerarbeit, welchen Eindruck Ihr von Buchenwald durch diese Bilder bekommt und wie sich dieser zu dem verhält, was Ihr bereits über das Konzentrationslager wisst. Fragt Euch auch, was die SS wohl mit diesen Fotos bezwecken wollte. Notiert Eure Eindrücke und stellt sie danach im Klassenverband vor.
2. Der Blick der Häftlinge auf diesen Zoo und vor allem auf die Bären war ein ganz anderer als der der Täter. Einer von ihnen, Kurt Dittmar, hat 1946 ein Bilderbuch angefertigt, das die Geschichte des entlaufenen Bären Betti

erzählt, die auch im Drama kurz erwähnt wird (vgl. S. 38 f.).[7] Schaut Euch den nachstehenden Auszug auf S. 95 aus diesem Bilderbuch an und diskutiert in Zweiergruppen, wie Dittmar den Bären und die Häftlinge darstellt. Notiert Eure Ergebnisse und stellt sie gegenseitig in der Klasse vor.

3. Im Drama wollen fast alle Zootiere nicht so genau wissen, was hinter dem anderen Zaun passiert. Um selbst einigermaßen in Ruhe leben zu können, ignorieren sie das Leid der Häftlinge. Damit verhalten sie sich – leider – sehr menschlich: Wir alle neigen wohl dazu, eher wegzusehen, vor allem dann, wenn es für uns selbst gefährlich werden würde, aber auch bei kleineren Dingen und Vorfällen, bei denen Hinsehen und Eingreifen möglicherweise ein wenig Aufwand bedeuten würden. Findet Euch in Gruppen (max. sechs Schülerinnen und Schüler) zusammen und erstellt gemeinsam ein Plakat, eine PowerPoint-Präsentation, einen Kurzfilm oder einen Podcast. Überlegt Euch gut, welches Medium Ihr für geeignet haltet, um dieses wichtige Thema Euren Mitschülerinnen und Mitschülern zu vermitteln. Haltet in Euren Präsentationen Dinge, Ereignisse, Verhaltensweisen etc. fest, bei denen Ihr der Meinung seid, dass wir heute hinschauen und handeln sollten, obwohl wir es nicht (genügend) tun. Welches Leid, welche Ungerechtigkeiten in der Welt oder in unserer unmittelbaren Umgebung sollten wir unbedingt sehen? Was sollten und könnten wir dagegen tun, wenn wir es genau wahrgenommen haben? Präsentiert Eure Ideen anschließend

7 Vgl. dazu auch die historische Hinführung des Autors.

Abb. 2: Ausschnitt aus Kurt Dittmars Bilderbuch *Eine Bärenjagd im KZ Buchenwald. Tragikomisches Idyll* (1946). –
Mit freundlicher Genehmigung der Gedenkstätte Buchenwald.

der Klasse und diskutiert die Vorschläge und ihre mediale Umsetzung.

4. Arbeitet in Zweiergruppen zusammen und diskutiert die Frage, was sich womöglich verändert hätte, wenn alle Tiere des Zoos so ähnlich wie der Bär gehandelt hätten. Notiert Eure Ideen und stellt sie anschließend im Klassenverband vor.

Nachwort

Kein einziges Mal fällt im Dramentext der Name Buchenwald – und doch dürften zumindest viele der älteren Zuschauerinnen und Zuschauer, Leserinnen und Leser auch ohne die Hinführung des Autors sofort an das Konzentrationslager auf dem Ettersberg (1937–45) denken, das ab Frühjahr 1938 tatsächlich über einen eigenen zoologischen Garten verfügte, der dem eigentlichen Lagerbereich direkt gegenüberlag. Man weiß, wie Jens Raschke eingangs zum historischen Hintergrund richtig ausführt, nur wenig über diesen kleinen Zoo. Einige bauliche Spuren haben sich erhalten und sind seit Mitte der 1990er-Jahre wieder freigelegt. Ein paar alte Fotografien zeugen zudem von den Tieren und den damaligen Besuchern. Sie legen offen, dass es nicht nur die SS-Familien waren, die zum Bärengehege pilgerten oder sich Hirsche, Wildschweine und Paviane ansahen, sondern auch Bewohnerinnen und Bewohner der nahen Stadt Weimar, darunter die zivilen Vorarbeiter der Deutschen Ausrüstungswerke, wo die Häftlinge Zwangsarbeit leisten mussten.

Es war für alle, die in diesen so ungewöhnlichen Zoo kamen, offensichtlich: Die Tiere wurden sehr gut behandelt und waren in einem gepflegten Zustand. Der Kontrast zu den nur wenige Meter entfernt eingesperrten KZ-Insassen war ebenso augenfällig – und ganz offenbar gewollt; die Botschaft, die dieses Nebeneinander hinter Stacheldraht vermitteln sollte, dürfte wohl jedem klar gewesen sein. Damit steht aber ebenso fest: Jede Person, die den Tiergarten Buchenwald besuchte, musste das Massenelend hinter dem anderen Zaun wahrnehmen, ein Blick daran vorbei war schlicht unmöglich. Das verleiht diesem (Un-)Ort eine symbolische Bedeutung, die weit über seine Begrenzung hinausweist.

Symbolisch ist auch die ganze Dramenhandlung in *Was das Nashorn sah* ... zu verstehen, die uns als klassische Fabel[8] begegnet: Hier sprechen Tiere und haben menschliche Eigenschaften, am Ende des Stückes steht eine Moral, auch wenn diese – wie noch zu zeigen sein wird – nicht ganz einfach zu fassen ist. Trotz der Anthropomorphisierung (Vermenschlichung) der tierischen Protagonisten bleibt die Verständigung zwischen Mensch und Tier im Stück allerdings schwierig, denn letztlich verfügen sie über keine gemeinsame Sprache (vgl. u.a. S. 66). Und doch stehen die tierische und die menschliche Welt in enger Beziehung zueinander: Die Zoo-Gesellschaft nimmt das menschengemachte Elend hinter dem anderen Stacheldraht sehr wohl wahr, auch wenn sich gerade das Oberhaupt der Affenfamilie sehr darum bemüht, dass man sich in Ignoranz übt:

> »Hier ist man gut zu uns Tieren. / Hier weiß man, was man an uns hat. / Solange wir uns benehmen. / Wenn du mich also fragst, Bär, ob ich lieber hier bin als anderswo, dann kann ich dir nur sagen: / lieber hier. / Der Rest interessiert mich nicht. / Jedem das Seine.« (S. 52)

8 Zur Fabel ist noch immer empfehlenswert: Peter Hasubek (Hrsg.), *Die Fabel. Theorie, Geschichte und Rezeption einer Gattung*, Berlin 1982. Zu den Eigenschaften der Fabeltiere vgl. besonders die entsprechenden Artikel in Günter Butzer / Joachim Jacob (Hrsg.), *Metzler Lexikon literarischer Symbole*, Berlin [3]2021.

Eindringlich ermahnt Papa Pavian so den neu angekommenen Bären, schließlich ziehe man seinen Artgenossen andernorts »das Fell über die Ohren« (S. 52), was hier nicht passiere. Doch da irrt er sich gewaltig: Nur kurze Zeit später wird ihm schließlich genau das angetan werden, nicht zuletzt weil der SS-Mann, auf den er einredet, seine Sprache nicht versteht und schlicht kein Mitleid hat.

Der Preis für ihr vergleichsweise ruhiges Leben, den der Pavian und all die anderen Tiere zu zahlen bereit sind, nämlich ihre Ignoranz und Hartherzigkeit gegenüber den menschlichen Opfern (»Solange die sich selbst totmachen, kann es uns doch egal sein, oder?«, S. 37)[9], ist letztlich umsonst entrichtet. Die Parallelen zur deutschen Gesellschaft im Nationalsozialismus sind offensichtlich: Auch da schaute man lieber weg, wenn die jüdischen Nachbarn deportiert wurden oder die politischen Gegner der Nazis plötzlich verschwanden, weil man so seine Ruhe behalten konnte. Und wirtschaftlich profitierte man ja nicht schlecht davon, dass Jüdinnen und Juden aus allen Lebensbereichen brutal verdrängt wurden: Es gab mehr Arbeitsplätze, unliebsame Geschäftskonkurrenten fielen weg und jüdisches Eigentum war zu Spottpreisen zu haben. Nach dem Krieg wurde dieses vielfache bewusste Nichthinsehen einfach umgebogen zu einem angeblich fehlenden Wissen: »Ich habe davon nichts gewusst« dürfte wohl einer der meistartikulierten Sätze in deutschen Familien gewesen sein. Dass dies in der Summe für die deutsche Gesellschaft nicht stimmte, ist mittlerweile vielfach nachgewiesen worden: Gerade über

9 Der Satz stammt vom Murmeltiermädchen, das sich hier alles andere als »[n]iedlich« (S. 20) erweist.

die frühen Konzentrationslager wurde sogar in der NS-Presse berichtet, Kabarettisten machten sich über die »Konzertlager« lustig[10] und hinter vorgehaltener Hand warnte man sich des Öfteren: »Vorsicht, sonst kommst Du ins KZ«. Von den Machthabern war die Kenntnis der Bevölkerung über die KZs und die dortigen Zustände durchaus erwünscht: Nicht zuletzt die aus den frühen Lagern noch entlassenen und oft schwer an Leib und Seele geschundenen politischen Gegner waren nachgerade wandelnde Menetekel und machten sehr deutlich, dass man sich besser ruhig verhielt. Wie die Tiere in unserem Dramen-Zoo schaute man deshalb lieber weg – aber: Man wusste eben sehr genau, was man nicht sehen wollte.[11]

Für eine Stadt wie Weimar galt das in besonderem Maße: Nicht nur wurden bis 1940 die Toten aus dem KZ im Krematorium des Weimarer Zentralfriedhofs verbrannt

10 Noch heute berühmt und berüchtigt ist eine entsprechende kurze Nummer Willi Schaeffers (1884–1962), die sich z. B. unter www.youtube.com/watch?v=N1cSHyk1yb8 (Stand: 5. 9. 2023) findet.

11 Für die Vernichtungslager, die im Krieg auf besetztem oder annektiertem ehemals polnischem Gebiet errichtet wurden, und die Massenerschießungen hinter der Front war die Sache komplexer. Doch auch über den millionenfachen Mord an Jüdinnen und Juden, Sintizze und Sinti, Romnja und Roma u. a. war die deutsche Bevölkerung hinreichend im Bilde, wie nicht zuletzt Tagebücher wie jenes des Laubacher Justizinspektors Friedrich Kellner (*Vernebelt, verdunkelt sind alle Hirne. Tagebücher 1939–1945*, hrsg. von Sascha Feuchert [u. a.], 2 Bde., Göttingen 2011) oder etwa die Stimmungsberichte der SS, gerade aus der Endphase des Krieges, zeigen (vgl. *Meldungen aus dem Reich 1938–1945. Die geheimen Lageberichte des Sicherheitsdienstes der SS*, hrsg. von Heinz Boberach, 17 Bde., Herrsching 1984).

(mindestens 2000 Leichen sind dokumentiert),[12] auch wurden die ankommenden Häftlinge anfangs nicht direkt auf das Gelände des Konzentrationslagers gebracht, sondern am örtlichen Bahnhof entladen und mussten durch die Stadt marschieren. Und ganz am Ende des Krieges quälten sich Tausende der Opfer auf einem der Todesmärsche durch die Weimarer Straßen. Ganz zu schweigen von den früheren Besuchern des KZ-Zoos, deren Zahl wir nicht kennen, sowie dem Gestank des KZ-Krematoriums, der bei entsprechenden Windverhältnissen auch die Klassikerstadt erreichte. Insofern mögen die Ausmaße und das konkrete entsetzliche Elend, das sich am 16. April 1945 1000 Bürgern der Stadt auf dem KZ-Gelände bot, erschreckend gewesen sein, wirklich überraschend war dies alles indes wohl kaum. Die von den Amerikanern ausgesuchten Weimarer waren gezwungen, sich anzusehen, was auch in ihrem Namen auf dem Ettersberg geschehen war – doch statt Einsicht und Reue überwogen noch immer Verleugnung und Abwehr. Das Wegsehen war zu eingeübt, als dass es durch diese brachiale Konfrontation hätte aufgehoben werden können.[13]

In *Was das Nashorn sah …* schaut dagegen eine Figur nicht weg; der Bär ist entsetzt über das, was er hinter den

12 Vgl. dazu https://weimar-im-ns.de/ort35.php (Stand: 5.9.2023).

13 Die US-Amerikaner erkannten rasch, dass solche erzwungenen Schock-Verfahren, wie sie sie auch mit Filmen (sogenannten ›Atrocity‹-Films) versuchten, nicht die gewünschten Ergebnisse zeigten, sondern als Gräuel-Propaganda abgetan wurden, und änderten ihre Strategien. Siehe u.a. Ulrike Weckel, *Beschämende Bilder. Deutsche Reaktionen auf alliierte Dokumentarfilme über befreite Konzentrationslager*, Stuttgart 2012.

zwei Drähten sieht, die ihn von dem menschlichen Elend trennen. Er braucht nach seiner Ankunft allerdings einen Moment, um zu begreifen, was wirklich vor sich geht. Zunächst bemerkt er den furchtbaren Gestank – und erkennt, dass die angebotene Erklärung (»Das ist bloß der Schornstein da, auf der anderen Seite des Zauns. / Die Öfen, weißt du. / […] Damit wird hier geheizt.«, S. 22 f.)[14] nicht stimmen kann. Auch geht er sofort sanft auf Distanz zu Papa Pavian, der sich als Anführer der Tiere des Zoos geriert (»im Namen aller Kolleginnen und Kollegen«, S. 22) und den Bären von Anfang an davon abhalten will, sich zu genau für seine neue Umgebung zu interessieren. Mit seiner harmlosen Scherzfrage (»Was ist warm und riecht nach Banane?«, S. 24) fordert Meister Petz[15] jedoch sofort die Autorität des wichtigtuerischen Affen heraus und entlockt ihm damit wesentliche Informationen zur Hierarchie (»Die Gestiefelten sind die Bosse. / Und die Gestreiften sind gar nichts«, S. 25) und über den Folteralltag in seinem neuen Zuhause (»mit zusammengeschnürten Daumen an einen Ast hängen«, ebd.). Außerdem kassiert er die erste explizite Warnung des Pavians, nicht zu neugierig zu sein, denn »[n]ur die Harten bleiben im Garten« (S. 26)[16], also diejenigen, deren Resilienz darin besteht, die eigene Nase eben nicht »zu tief in fremde Angelegenheiten« (S. 25) zu stecken. Für

14 Die Worte stammen von Papa Pavian.

15 So einer der Namen für den Bären in klassischen Fabeln; im vorliegenden Stück wird er freilich nicht verwendet.

16 Dass dieses ›Motto‹ des Pavians von den anderen Tieren verinnerlicht wurde und geteilt wird, wird deutlich, wenn sogar das Murmeltiermädchen, das sonst vieles vergisst, es wiederholt (vgl. S. 37).

ein initiales Gespräch hat der Bär damit eine beachtliche Menge an Informationen gewonnen – sicherlich mehr, als sein Gesprächspartner eigentlich preisgeben wollte.

Doch der Neuankömmling sieht und riecht weiter genau hin: Als ihm einer der erbarmungswürdigen »Angeblichmenschen«[17] (S. 29) Honig in sein Gehege bringen muss – die ›Gestiefelten‹ erhoffen sich offenbar, dass ihn das Wildtier daraufhin zerfleischt –, nimmt er »[z]wischen Honig und Schornstein« (S. 30) einen dritten, bitteren Geruch wahr: »Hoffnungslosigkeit« (ebd.). Von dieser Ausdünstung ist er zwar ›angewidert‹ (ebd.), doch weckt sie in ihm auch Mitleid, denn er verschont den völlig verängstigten Häftling. Ihm scheint das, was er jetzt schon weiß, genug zu sein, um am kommenden Sonntag die ›Gestiefelten‹ samt ihren Familien, die ihn zum ersten Mal bestaunen wollen, glatt zu ignorieren. Stattdessen tut er das, was alle seine tierischen Genossen (und die deutsche Gesellschaft) so gerne vermeiden: Er schaut intensiv hinüber in jenen anderen furchtbaren Zoo. Dass er damit indirekt eine Katastrophe auslösen wird, kann er nicht ahnen: Eines der Kinder erschießt mit seinem Gewehr ausgerechnet jenen Gefangenen, den der Bär tags zuvor noch verschont hatte. Der Junge hatte angenommen, die »Stinker« (S. 31), wie der SS-Nachwuchs die Häftlinge abschätzig nennt, wollten den Bären »hypnotisieren« (S. 32). Während der Bär »starr vor Schrecken« (S. 33) ist und damit die entsetzte Regungslosigkeit der ›Gestreiften‹ spiegelt, erfährt der Todesschütze

17 Der Ausdruck bezieht sich darauf, dass der Bär erst nicht glauben kann, dass es sich bei den ›Zebras‹ wirklich um Menschen handelt.

nur ein »du, du, du« (ebd.) und ein Ziehen am Ohr. Der Bär wendet seinen Blick auch dann nicht ab, als ein weiterer Häftling – zu vermuten ist, dass es sich um den Vater des Ermordeten handelt – am geladenen Zaun Selbstmord[18] begeht.

Nun erschließt sich ihm die ganze Dimension des Grauens; der schreckliche, süßliche Gestank, die fehlenden Vögel, die ungesühnte Mordtat – all das sind nicht zu ignorierende Hinweise auf ein entsetzliches Verbrechen an den Häftlingen. Und auch die Tierliebe der ›Gestiefelten‹ reicht nur bis zum Zaun: Seinen Artgenossen, der vor ihm in dem kleinen Zoo lebte, brachten sie grausam um und verspeisten ihn, als er versuchte, dem Gehege zu entfliehen. Dieser Ort bringt offenbar nur Vernichtung. In seiner Verzweiflung schreit der Bär, ohnmächtig werdend:

> »Schaut doch hin, schaut doch hin! / Sie verbrennen uns alle! / Uns alle! / Der Bär war nur der Anfang! / Jetzt sind die Gestreiften dran! / Und ihr und ich, wir sind die Nächsten! / Die Vögel haben das längst kapiert!« (S. 50)[19]

18 Eigentlich ist es heute üblich, nicht mehr von Selbstmord, sondern von Suizid zu sprechen, da in dem Grundwort des zusammengesetzten Nomens (»Mord«) fälschlicherweise eine strafbare Handlung angedeutet wird. Da aber Selbstmorde während des Holocaust in aller Regel Folgen der grausamen Verfolgung und der furchtbaren Massenmorde waren, wird hier der Ausdruck so verwendet. Die israelische Gedenkstätte Yad Vashem zählt alle Selbstmordopfer während des Holocaust zu den Opfern, vgl. www.yadvashem.org/de/archive/hall-of-names/database/faq.html (Stand: 5.9.2023).

19 So in der Wiedergabe des Murmeltiermädchens.

Da seine Mitgefangenen nicht bzw. nur zögerlich reagieren[20], beginnt er zu begreifen, dass er selbst handeln muss: Um den Preis seines eigenen Lebens wird er versuchen, das Morden im KZ wenigstens für kurze Zeit zu unterbrechen, indem er das Krematorium lahmlegt. Geholfen hat ihm bei seiner schwierigen Entscheidungsfindung (»Den ganzen Tag ist er nur noch am Denken«, S. 59) ein weiterer Blick in die Sterne: Der große und der kleine Bär[21], die ihm bis dahin nur als eine Ansammlung von Sternen vorgekommen waren, scheinen ihm nun mittels eines kurzen Blitzes eine Botschaft zu senden. Mutter und Schwester des Bären, so versteht er es wohl, kommunizieren mit ihm, und plötzlich weiß er, wie er handeln kann. Doch selbst als er den Schornstein mühsam erklimmt, wollen die anderen ihn noch nicht verstehen: Das Murmeltiermädchen vermutet sogar, er

20 Immerhin löst die Rede von den abwesenden Vögeln unter den anderen eine Diskussion aus, die allerdings folgenlos wieder versiegt, vgl. S. 53–61, v.a. S. 61: »Keins von ihnen [den Tieren, S.F.] denkt mehr an die verschwundenen Vögel.«

21 In einer eingeschobenen Szene mit einem Rückblick sieht auch das titelgebende Nashorn die Sternenkonstellation, die für es zum Leben erwacht (vgl. S. 70–72). Dabei erkennt das Tier aber noch viel mehr: »Was das Nashorn aber sah, woran es so traurig wurde, dass sein Herz aufhörte zu schlagen, das waren die Folgen der Unmenschlichkeit: dass Familien auseinandergerissen wurden, dass Kinder ohne ihre Mütter herumirrten, dass Kreaturen mit Gewalt eingefangen und geschunden wurden, das sieht das Nashorn in seiner nächtlichen Vision in einem poetischen Bild und geht daran zugrunde.« (Begründung der Jury zum »Kaas&-Kappes«-Preis 2014, zitiert nach Typoskript, S. 5.) Der Bär hat ebenfalls eine grausame Traumvision (S. 44–48), in der er die Morde und vor allem die Verbrennung der Kinder verarbeitet.

suche fälschlicherweise ausgerechnet dort »einen Ort, wohin er sich verkriechen kann« (S. 65). Dass er die Unterbrechung des Mordens und Verbrennens im Sinn hat, scheint sie erst zu begreifen, als der Schornstein in sich zusammengestürzt ist. Wie wenig nachhaltig dieses Verständnis für den Akt des Widerstandes aber sein wird, wird damit angedeutet, dass das Murmeltiermädchen verspricht, den Bären niemals im Leben zu vergessen (vgl. S. 69) – ganz so wie das Nashorn, von dem allerdings nach dem langen Winterschlaf keine Spur mehr im Gedächtnis des Nagetiers vorhanden war (vgl. S. 20).[22]

Letztlich bleibt wohl auch die Widerstandshandlung des Bären fast folgenlos, das Morden wird weitergehen, und das Leid wird erst durch die Angriffe der Alliierten wirklich enden, in deren Bombenhagel die Zootiere sterben.[23] Was bleibt, ist die Erinnerung an die Geschichte und die Lehre, die man aus ihr ziehen kann. Das Stück kehrt textlich folgerichtig damit zum Ausgangspunkt zurück – und doch dürften die Zuschauerinnen und Zuschauer, Leserinnen und Leser nun nicht mehr dieselben sein: Sie haben zu eindringlich erfahren, welche Folgen das Wegsehen hat. Am Ende nützt dieses nämlich niemandem: Auch die, die in ihrem eigenen Gehege dessen enge Grenzen nicht wahr-

22 Auch das kann man hochsymbolisch verstehen: Nur wenige Widerstandshandlungen neben dem Hitler-Attentat vom 20. Juli 1944 sind heute im kollektiven Gedächtnis der bundesrepublikanischen Gesellschaft wirklich präsent. Eine stärkere Beachtung würde bedeuten, dass individuelle Handlungsoptionen sichtbar würden, die freilich das viel bequemere Narrativ, man habe nichts gewusst bzw. nichts tun können, stören würden.

23 Und sind auch damit der deutschen Bevölkerung recht nahe.

haben wollten und schon gar nicht das unerträgliche Leid der anderen, werden einen furchtbaren Preis bezahlt haben. Und doch mag man vielleicht ebenso stutzen angesichts der Moral, die diese Fabel hinterlässt: Appelliert *Was das Nashorn sah* ... an uns, unser Leben zu opfern, um zumindest einen Moment lang Sand ins Getriebe eines schrecklichen Geschehens zu streuen? Nein, das hieße wohl, das Drama misszuverstehen und die Latte für das eigene Handeln gleich so hoch zu legen, dass die Botschaft des Stückes folgenlos bliebe. Vielmehr geht es um die Moral der Vielen: Hätten auch die anderen Tiere hingesehen und sich nicht hartherzig und egoistisch abgewendet, hätte der Bär vielleicht als Einzelkämpfer nicht sein Leben einsetzen müssen, um wenigstens kleine Risse im System zu verursachen. Und natürlich wäre es noch wichtiger, rechtzeitig gemeinsam hinzuschauen, damit es erst gar nicht so weit kommt. Das ist die Botschaft an uns, die Leserinnen und Leser, Zuschauerinnen und Zuschauer: Schaut hin, wenn Unrecht geschieht, wenn Menschen ausgegrenzt, verfolgt, beleidigt oder Schlimmeres werden – und senkt nicht den Kopf, nur um nicht zu sehen, was ihr doch ohnehin wisst ... Gerade in einer Zeit, in der Rechtspopulismus, Rassismus und Antisemitismus in ganz Europa und in Deutschland immer weiter zunehmen (nicht zuletzt die Umfrage- und Wahlergebnisse der AfD legen davon beredtes Zeugnis ab), in der Menschen auf der Flucht im Mittelmeer ertrinken und in Europa wieder Zigtausende in einem furchtbaren Krieg sterben, ist dieses Hinschauen, v.a. aber das Einschreiten von hoher Notwendigkeit. Und auch wenn das Hinsehen möglichst Vieler das Ziel sein muss, entscheiden müssen wir uns trotzdem immer individuell, ob wir dem Bären oder dem Pavian nacheifern wollen.

Natürlich hat die Formulierung einer Moral bei einem so hoch symbolischen Stück immer ihre Grenzen, so wie auch die Symbolik selbst nur bedingt historisch wahr sein kann: Offensichtlich ist *Was das Nashorn sah …* kein Drama über das historische Buchenwald. Wie eingangs erwähnt, kommt dieser Ortsname im Text bewusst nicht vor; Jens Raschke hat dies bereits in der Hinführung deutlich erklärt (vgl. S. 9). Auch die sonstigen historischen Gegebenheiten sind nicht authentisch abgebildet – das will und kann eine Fabel, die eine fiktionale Gattung und dem Märchen verwandt ist, auch gar nicht.[24] Wichtig ist es deshalb,

24 Interessant ist, dass *Was das Nashorn sah …* zu einer Zeit entstand, als eine andere Fabel (so bezeichnet sich die Erzählung im Untertitel selbst) bereits ein Welterfolg war, nämlich John Boynes *Der Junge im gestreiften Pyjama.* Zwar kommen in dieser Geschichte keine Tiere vor, doch trägt der naive neunjährige Protagonist Bruno einen Namen, der (auch) ›Bär‹ bedeuten kann. Und auch in diesem Werk ist das historische Geschehen in einem KZ (Auschwitz) hoch symbolisch aufgelöst. Die Unterschiede beider Fabeln sind jedoch immens, auch mit Blick auf die vermittelte Moral. *Der Junge im gestreiften Pyjama* erweist sich dabei als ungeeignet für jüngere Leserinnen und Leser, obwohl er immer wieder in der Schule in niedrigeren Jahrgängen eingesetzt wird, um mit ihm historisches Lernen zu betreiben. *Was das Nashorn sah …* und seine Moral hingegen sind für jüngere Leserinnen und Leser tatsächlich fassbar, gerade weil das Drama wahrscheinlich nicht dazu verleitet, mit seiner Hilfe historisch über das KZ Buchenwald lernen zu wollen. Vgl. zu Boynes Roman und seinen Grenzen u.a. Sascha Feuchert / Jeanne Flaum, *Lektüreschlüssel XL. John Boyne: Der Junge im gestreiften Pyjama,* Stuttgart 2018 [u.ö.] (Lektüreschlüssel XL. 15497.).

klar zu erkennen, dass die Tiere nur in sehr begrenzter Hinsicht Verhaltensweisen der damaligen Deutschen symbolisieren können. Die Täter, die SS und ihre vielen, vielen Helfer, stammten natürlich genau aus diesem Volk und waren nicht ›von anderer Art‹ wie im Stück. Dort werden diese Täter nur von den Tieren ›getrennt‹, um eine Form der Schuld – eben das bewusste Wegsehen einer Mehrheit – zu illustrieren und das ebenso tödliche wie völlig irrationale Konzept des ›Untermenschen‹, der für die Nationalsozialisten noch unter dem Tier stand, augenfällig werden zu lassen. Keinesfalls darf man das Drama so verstehen, dass offenbar alle Deutschen (= Zootiere) Opfer dieser Gestiefelten waren und nicht wirklich etwas gegen ihre Peiniger ausrichten konnten: Das wäre eine grobe Verfälschung historischer Tatsachen, und eine solche Interpretation würde zudem die Intention des Stückes unterlaufen, das ja gerade an uns Heutige appellieren will, genau hinzuschauen.

Theatermacherinnen und Theatermacher, Zuschauerinnen und Zuschauer, Kritikerinnen und Kritiker scheinen die Botschaft des Autors jedenfalls verstanden zu haben: Seit der Uraufführung im April 2015 (Deutsches Nationaltheater Weimar) ist das Stück auf deutschen Bühnen präsent und wurde vielfach ausgezeichnet, u.a. 2014 mit dem Deutschen Kindertheaterpreis und dem Niederländisch-Deutschen KiJu-Dramatikerpreis »Kaas & Kappes«. Inzwischen gibt es eine Hörfunkversion vom Hessischen Rundfunk (bearbeitet von Heidi Knetsch und Stefan Richwien) und Übersetzungen ins Englische, Norwegische und Französische. Ein Garant für den Erfolg ist dabei sicher der Humor im Stück, der die schwierige Thematik immer wieder aufbricht: Gerade für die etwas jüngeren Zuschauer dürfte der *comic relief* immens nützlich sein, um auch die durchaus belastenden Passagen besser ertragen zu können. Doch das Drama ist beileibe nicht nur etwas für Kinder und Jugendliche: Selbst einige der Späße erfordern eine gewisse Vorkenntnis, damit sie richtig funktionieren.[25] Damit gehört *Was das Nashorn sah ...* zu jenen literarischen Werken, die aufgrund ihrer Doppeladressierung zur All-Age-Literatur gehören – nicht zuletzt das dürfte dem Drama noch eine lange Wirkungsgeschichte sichern.

Sascha Feuchert

25 Dass etwa das Murmeltier nicht so heißt, weil es so leise vor sich hinmurmelt und nicht zu verstehen ist (vgl. S. 27), dürfte Kindern wohl eher entgehen. Der Tiername stammt nämlich eigentlich aus dem Lateinischen (*mus montis* ›Maus des Berges‹) und wurde nur volksetymologisch umgebildet.

Zu den Autoren

Jens Raschke, geb. 1970 in Darmstadt, studierte Skandinavistik und Geschichte in Frankfurt am Main und Kiel. Ab 1998 war er als Dramaturg an verschiedenen Theatern tätig. Von 2007 bis 2013 arbeitete Raschke am Theater im Werftpark in Kiel und gab dort 2007 mit dem Stück *Die Wanze* sein Regiedebüt. Ab 2008 entstanden erste eigene Stücke. Großen Erfolg feierte er mit dem Einpersonenstück *Schlafen Fische?*, das 2012 den Mülheimer Kinderstückepreis gewann und in zahlreiche Sprachen übersetzt wurde. Auch die Hörspielversion und Raschkes eigene Buchadaption wurden mit Preisen ausgezeichnet. Zwei weitere Kinder- und Jugendtheaterpreise erhielt Jens Raschke 2014 für sein Stück *Was das Nashorn sah …*, das seit seiner Uraufführung zu den am häufigsten aufgeführten Kinderstücken im deutschen Sprachraum zählt. Weitere Theatertexte und Inszenierungen folgten, darunter *Wer nicht träumt, ist selbst ein Traum* (2019) und zuletzt *Schnecke durch die Hecke* (2023).

***

Sascha Feuchert, geb. 1971, ist Professor für Neuere deutsche Literatur mit dem Schwerpunkt Holocaust- und Lagerliteratur und ihre Didaktik am Institut für Germanistik an der Justus-Liebig-Universität Gießen. Für sein wissenschaftliches Engagement wurde er mehrfach ausgezeichnet – zuletzt mit dem Copernicus-Preis der Deutschen Forschungsgemeinschaft und der Stiftung für die polnische Wissenschaft.

Inhalt